Lesebuch
Buddhismus

AURUM

Die Deutsche Bibliothek – CIP-Einheitsaufnahme
Lesebuch Buddhismus. – Braunschweig: Aurum-Verl., 1994
ISBN 3-591-08363-1

1994
ISBN 3-591-08363-1
© Aurum Verlag GmbH, Braunschweig
Gesamtherstellung: Chemnitzer Verlag und Druck GmbH,
Werk Zwickau

INHALT

Garma C.C. Chang

WAS IST ZEN-»ERLEUCHTUNG«?

Erleuchtung« oder *Wu* ist das Herz des Zen. Aber was ist diese *Wu*-Erfahrung; ist sie eine oder sind es viele Erfahrungen?

Die Antwort wird in dem folgenden Versuch einer Definition von Wu gegeben: *Wu ist das unmittelbare Erlebnis des Erblickens, Entfaltens und Verwirklichens der Geist-Essenz in ihrer Fülle.* Dem Wesen nach ist es erleuchtend, aber leer, heiter-gelassen, aber dynamisch, transzendierend, aber immanent, frei, aber allumfassend. Die *Wu*-Erlebnisse sind ein Erlebnis und zugleich viele: eines, weil sie in ihrem Wesen identisch sind; viele, weil sie nach Tiefe, Klarheit und Wirkungskraft verschieden sind. Das vermittelt einen ersten knappen Begriff von Sinn und Wesen des *Wu*.

Bevor wir das *Wu*-Erlebnis weiter prüfen, möchte ich zuerst auf die Bedeutung des chinesischen Wortes *Wu* hinweisen. *Wu* bedeutet »aufwecken zur Tatsache« oder ungenau »zu verstehen«. Dieses Wort benützt die Zen-Überlieferung, um die inneren Erfahrungen des Erwachens zur Prajna-Wahrheit (der Wahrheit, die durch transzendente Weisheit erkannt wird) zu bezeichnen; es ist nicht gleichbedeutend mit *Cheng-teng-chueh* (Samyaksam-bodhi), was die endgültige und vollkommene Erleuchtung der Buddhaheit bedeutet. Ch'an-Buddhisten in China reden selten von *Cheng-chueh* (Sambodhi) oder von ihrer Ch'an-Erfahrung als *Chueh* (Bodhi). Obwohl *Chueh* und *Wu* einander sehr nahe verwandt sind, besteht doch ein Unterschied zwischen ihnen. *Wu* bezieht sich mehr auf das Erweckungserlebnis im unmittelbaren Sinn, während *Chueh* die dauernde und vollständige Erleuchtung bezeichnet. *Ta-chueh* z. B. wird nur mit Bezug auf den Buddha gebraucht und wird selten auch auf berühmte Ch'an-Meister angewendet, ausgenommen als Höflichkeitsform bei Ehrentiteln. Es gibt viele andere Hinweise, die bestätigen, daß die *Wu*-Erfahrungen verschieden sind von der endgültigen, vollkommenen und vollständigen Erleuchtung, wie sie allgemein verstanden wird. Der häufige Gebrauch von *Wu* statt *Chueh* durch die Ch'an-Buddhisten macht das besonders deutlich.

Da *Wu* in der Hauptsache ein Erlebnis des Erwachens zur Prajna-Wahrheit ist, vermag derjenige, der zu diesem *Wu*-Erlebnis gelangt, es nicht voll zu meistern, zu vertiefen und zur Reife zu bringen. Sehr viel Arbeit ist notwendig, um diesen gewaltigen und unergründlichen Prajna-Geist zu pflegen, bevor er voll aufblühen wird. Es bedarf einer langen Zeit, bis die dualistischen, ichhaften und tief eingewurzelten gewohnten Denkvorgänge, die aus den Leidenschaften aufsteigen, vollkommen beseitigt sind. Das ist aus vielen Zen-Geschichten sehr klar zu ersehen; auch aus dem folgenden Zen-Ausspruch: »Die Wahrheit wird durch plötzliche Erleuchtung verstanden, aber die vollständige Verwirklichung muß Schritt für Schritt geübt werden.«

Darum gibt es in der Zen-Erleuchtung oder im *Wu* außerordentlich große Unterschiede; sie gehen vom flüchtigen Erblicken der Geist-Essenz beim Anfänger bis zur vollen Buddhaheit, wie sie durch den Buddha und einige wenige fortgeschrittene Zen-Meister verwirklicht wurde.

6

Diese Erfahrungen sind jedoch nur verschieden im Grad der Tiefe, nicht im Wesen oder im Grundprinzip. Um den Zen-Buddhismus zu verstehen, sollte man daher die Werke studieren, die diese Zusammenhänge darstellen, wie etwa die *Bilderfolge vom Ochsen und Hirten, das Prinzip der Drei Tore, die Fünf Positionen von König und Minister, die Vier Unterscheidungen des Lin Chi* und andere Quellenwerke samt ihren Kommentaren. Ohne ein Verständnis dieser Leitvorstellungen darf man nicht erwarten, Zen – und wäre es auch nur oberflächlich – zu verstehen.

Um dem abendländischen Leser ein echtes Bild davon zu geben, wie Zen-Erleuchtung wirklich stattfindet, habe ich eine Stelle aus der Autobiographie des Tieh Shan übersetzt, in der dieser sein persönliches *Wu*-Erlebnis während seines langen Ringens um Erleuchtung schildert. Dies ist eine Information aus erster Hand, die besser ist als jede Erklärung oder Beschreibung durch jemanden, der zwar gelehrt, aber ohne reale Erfahrung ist. Tieh Shan schreibt:

Ich kannte den Buddhismus, seit ich dreizehn Jahre alt war. Im Alter von achtzehn Jahren schloß ich mich den Mönchen an... Dann las ich eines Tages eine Schrift Hsueh Yens, die ein Mönch mitgebracht hatte: »Anweisung zur Meditation.« Sie machte mir klar, daß ich noch nichts erreicht hatte. Ich ging daher zu Hsueh Yen um Unterweisung und folgte dieser genau, wenn ich über das Wort *Wu* meditierte. Am vierten Tag brach auf meinem ganzen Körper Schweiß aus, und ich fühlte mich gelöst und licht. Ich blieb im Meditationsraum und konzentrierte mich auf meine Meditation, ohne mit irgend jemandem zu sprechen.

Danach ging ich zu Miao Kao Feng, der mir riet, das Meditieren über das Wort *Wu* Tag und Nacht ohne Unterbrechung fortzusetzen. Wenn ich am Morgen aufstand, war mir das Hua Tou (»die Essenz des Ausspruchs«) sofort gegenwärtig. Wann immer ich ein wenig schläfrig wurde, erhob ich mich, verließ den Sitz, aber auch während ich auf und ab ging, blieb das Hua Tou gegenwärtig, ebenso während ich mein Bett machte oder Essen bereitete, während ich den Löffel aufnahm oder die Eßstäbchen niederlegte. Es war ständig, in allen meinen Aktivitäten, Tag und Nacht, zugegen. Wenn man seinen Geist in dieser Weise in ein einziges, ständig anwesendes Ganzes zu verschmelzen vermag, muß die Erleuchtung einfach erreicht werden. In Befolgung dieses Rates gelangte ich zur Überzeugung, daß ich einen solchen Zustand besonderer Art erreicht hatte. Am 20. März wandte sich Meister Yen an die versammelten Mönche:

»Meine lieben Brüder, es hat keinen Sinn, sich schläfrig zu fühlen, wenn man lange Zeit auf seinem Meditationssitz gesessen ist. Wenn ihr schläfrig seid, solltet ihr aufstehen, umhergehen, euer Gesicht waschen und Mund und Augen mit kaltem Wasser erfrischen. Dann kehrt zu eurem Sitz zurück, setzt euch aufrecht und gerade hin und macht euren Geist frisch, als wenn ihr am Rand eines zehntausend Fuß tiefen Abgrunds stündet, und konzentriert euch wieder völlig auf euer Hua Tou. Wenn ihr auf diese Weise sieben Tage lang weiterarbeitet, werdet ihr gewiß zur Verwirklichung kommen. Mit einer Anstrengung dieser Art bin ich vor vierzig Jahren ans Ziel gekommen.«

Sobald ich dieser Anweisung folgte, begann ich Fortschritte zu machen. Am zweiten Tag fühlte ich, daß ich meine Augen nicht schließen konnte, selbst wenn ich es wollte, und am dritten Tag war mir, als schwebte mein Körper in der Luft; am vierten Tag wußte ich nichts mehr von allem, was in der Welt vorging. In dieser Nacht stand ich einige Zeit gegen eine Ballustrade gelehnt. Mein Geist war so klar gelöst, wie wenn ich in einem Zustand des Unbewußtseins wäre. Mein Hua Tou war ständig vor mir. Dann kehrte ich zu meinem Sitz zurück. Als ich mich niederlassen wollte, hatte ich plötzlich das Empfinden, als würde mein ganzer Körper vom Scheitel bis zu den Füßen gespalten. Es war, als wenn mein Verstand ausgelöscht und ich aus einer Tiefe von zehntausend Fuß in die Luft emporgehoben würde. Ich erzählte dann Meister Yen von dieser [unbeschreiblichen Ekstase] und der nicht-anhaftenden Freude, die ich empfunden hatte.

Aber Meister Yen sagte: »Nein, das ist es nicht. Du solltest an deiner Meditation arbeiten.«

Auf mein weiteres Fragen zitierte er die folgenden Zeilen:

»Bis zum ›Aufstrahlen‹ des Lichtes, das Buddhas und Patriarchen lehren und preisen,
Bedarfst du noch eines kräftigen Hammerschlags
Auf deinen Hinterkopf.«

Ich fragte mich: »Warum benötige ich einen Hammerschlag auf meinen Hinterkopf?« Gewiß, es gab da noch einen kleinen Zweifel in meinem Geist, etwas, dessen ich nicht sicher war. Deshalb machte ich mich weiter ans Meditieren, lange Zeit und jeden Tag, beinahe ein halbes Jahr. Dann, als ich dabei war, ein Mittel gegen Kopfschmerz zu wärmen, erinnerte ich mich eines Koans, in dem gefragt wird: »Wenn du deine Knochen deinem Vater und dein Fleisch deiner Mutter zurückgibst, wo würdest du dann sein?«

Als mir diese Frage erstmals gestellt worden war, konnte ich nicht antworten, aber jetzt – plötzlich – war mein Zweifel zu nichts geworden.

Später ging ich zu Meng Shan, der mich fragte: »Wann und wo kann man seine Arbeit am Zen als vollendet ansehen?«

Wieder konnte ich nicht antworten. Meister Meng Shan drängte mich, härter an der Meditation [Dhyana] zu arbeiten und so die gewohnten weltlichen Gedanken wegzuwaschen. Jedesmal wenn ich den Raum betrat und auf seine Frage antwortete, sagte er, daß ich es noch nicht erfaßt hätte. Eines Tages meditierte ich vom Nachmittag bis zum nächsten Morgen und nützte die Macht des Dhyana als Stütze für mein vorwärtsdrängendes Bemühen, bis ich eine besondere Tiefe erreicht hatte. Ich erhob mich vom Dhyana und ging zum Meister und erzählte ihm mein Erlebnis. Er fragte: »Was ist dein ursprüngliches Antlitz?«

Als ich eben antworten wollte, trieb mich der Meister hinaus und verschloß seine Tür.

Von da an vermochte ich mich jeden Tag in der Tiefenschau zu verbessern. Später erkannte ich, daß die ganze Schwierigkeit entstanden war, weil ich nicht lange genug bei Meister Hsueh Yen gewesen war, um an der besonderen Tiefe der Aufgabe zu arbeiten. Aber welch ein Glück, einem wirklich guten Zen-Meister begegnet zu sein. Nur durch ihn wurde ich fähig, solch eine Stufe zu erreichen. Ich hatte nicht gewußt, daß einer, der unausgesetzt und in genügend vorwärtsdrängender Weise übt, von Zeit zu Zeit eine gewisse Verwirklichung erreichen muß, die seine Unwissenheit mit jedem Schritt des Weges verringert.

Meister Meng Shan sagte zu mir: »Es ist wie das Schleifen eines Edelsteines. Je besser der Schliff, um so leuchtender, klarer und reiner wird er. Ein Schliff solcher Art ist der Arbeit einer ganzen Inkarnation überlegen.«

Nichtdestoweniger wurde mir jedesmal gesagt, daß etwas in mir noch fehle.

Eines Tages kam mir dieses Wort »fehlen« während der Meditation in den Sinn und plötzlich fühlte ich, wie Körper und Geist sich weithin öffneten. Es war ein Gefühl, als wenn alter aufgehäufter Schnee unter der warmen Sonne, die nach vielen dunklen und bewölkten Tagen hervorgekommen war, wegzuschmelzen begänne. Ich konnte nicht anders, ich mußte von ganzem Herzen lachen. Ich sprang auf von meinem Sitz, packte Meister Meng Shans Arm und rief: »Sagt mir, sagt! Was fehlt noch? Was fehlt noch?«

Der Meister gab mir dreimal eine Ohrfeige und ich verneigte mich dreimal vor ihm. Dann sagte er: »O Tieh Shan, es hat dich etliche Jahre gekostet, bis du es gehabt hast.«

Pema Chödrön

LIEBENDE ZUWENDUNG

Unter allen Menschen, die je auf der Erde geboren wurden, herrscht das weit verbreitete Mißverständnis, daß wir dann am besten leben, wenn wir versuchen, dem Schmerz aus dem Weg zu gehen und es uns bequem zu machen. Dieses Bestreben kann man sogar bei den Insekten und Tieren und Vögeln beobachten. In diesem Punkt sind wir alle gleich.

Zu einer viel interessanteren, mitfühlsameren, abenteuerlicheren und freudvolleren Lebensweise können wir jedoch gelangen, wenn wir beginnen, unsere Neugierde zu entwickeln, und es uns dabei einerlei ist, ob der Gegenstand unserer Wißbegier bitter oder süß ist. Um ein Leben zu führen, das über Kleinlichkeit und Vorurteil sowie über das Bestreben, das Geschehen stets in unserem Sinne zu lenken, hinausreicht, um ein leidenschaftlicheres, volleres und beglückenderes Leben zu führen, müssen wir erkennen, daß wir viel Leid und viel Freude ertragen können, um herauszufinden, wer wir sind und was diese Welt ist, wie wir funktionieren und wie unsere Welt funktioniert, wie das Ganze einfach *ist*. Wenn wir uns der Bequemlichkeit um jeden Preis verschreiben, werden wir, sobald wir auf die geringste Schmerzgrenze stoßen, davonlaufen; wir werden nie wissen, was sich hinter jener Schranke oder Mauer oder angsterregenden Schwelle verbirgt.

Wenn man anfängt zu meditieren oder sich mit irgendeiner Form von spiritueller Disziplin zu befassen, hofft man oft, auf irgendeine Weise zu einem besseren Menschen zu werden, was aber im Grunde eine Art subtiler Gewalt gegen das darstellt, was man wirklich ist, gegen das eigene Wesen. Es ist in etwa so, als würde man sich immer wieder vorsagen: »Wenn ich jeden Tag einen Waldlauf mache, werde ich ein viel besserer Mensch sein« oder »Hätte ich nur ein schöneres Haus, wäre ich ein besserer Mensch« oder eben »Wenn ich nur meditieren und mich beruhigen könnte, dann wäre ich ein besserer Mensch.« Vielleicht hat man in seiner Vorstellung auch immer etwas an den anderen auszusetzen und sagt sich etwas wie: »Wenn mein Mann nicht so schwierig wäre, dann hätte ich eine perfekte Ehe.« Oder: »Wenn mein Chef nicht so unmöglich wäre, dann hätte ich einen tollen Job.« Und dann: »Wenn mein Geist nicht so unruhig wäre, dann wäre meine Meditation ausgezeichnet.«

Doch liebende Zuwendung uns selbst gegenüber – das, was im Buddhismus *maitri* genannt wird – bedeutet nicht, daß wir irgendwelche Eigenschaften von uns ausmerzen müssen. *Maitri* bedeutet, daß wir so verrückt sein dürfen, wie wir eben nun mal sind oder schon immer waren. Wir dürfen so wütend sein, wie wir es schon immer waren. Wir können immer noch ängstlich oder eifersüchtig sein oder uns unwürdig fühlen. Der Punkt ist, daß wir nicht versuchen sollten, uns in irgendeiner Weise zu ändern. Bei der Meditationspraxis geht es nicht darum, uns selbst auf den Müll zu werfen und etwas Besseres werden zu wollen. Es geht darum, uns damit anzufreunden, wie wir jetzt sind. Das Fundament unserer Übung, das bist du, das bin ich, wer auch immer wir in diesem Augenblick sind, wie wir eben sind. Das ist die Grundlage, das ist das, was wir beobachten, was wir mit großer Neugierde und starkem Interesse kennenlernen wollen.

Manchmal wird unter Buddhisten das Wort »Ego« oder »Ich«, hier mit einem anderen Inhalt als in der Freudschen Theorie, in einem abschätzigen Sinne benutzt. Als Buddhisten könnten wir zum Beispiel sagen: »Mein Ego macht mir so viele Probleme.« Daraus könnten wir den Schluß ziehen: »Gut, dann müssen wir es einfach ausmerzen, nicht wahr? Dann ist das Problem gelöst.« In Wirklichkeit handelt es sich hier aber nicht darum, das Ego auszumerzen, sondern vielmehr darum, unser Interesse an uns selbst zu erwecken, unser Selbst neugierig zu erforschen.

Der Weg der Meditation und der Weg unseres Lebens haben überhaupt mit Neugierde, mit Wißbegier zu tun. Den Urboden dafür bildet unser Selbst: Wir sind hier, um uns selbst zu beobachten und kennenzulernen, und zwar jetzt, nicht irgendwann später. Oft sagt man mir: »Ich wollte kommen und mit Ihnen sprechen, ich wollte Ihnen einen Brief schreiben, ich wollte Sie anrufen, aber ich wollte warten, bis ich mich mehr im Griff habe.« Und ich denke: »Nun, wenn du so bist wie ich, dann könntest du unter Umständen ewig warten!« Deshalb ist es besser, man kommt so, wie man ist. Der Zauber entsteht dann, wenn man bereit ist, sich dem zu öffnen, für diesen Zustand völlig wach zu sein. Eine der wichtigsten Entdeckungen, die wir in der Meditation machen, besteht darin, zu sehen, wie wir ständig vor dem gegenwärtigen Augenblick wegrennen, wie wir es vermeiden, hier zu sein, einfach so, wie wir sind. Das wird nicht als Problem betrachtet; es geht nur darum, es zu sehen.

Wißbegier oder Neugierde haben damit zu tun, sanft, präzise und offen zu sein – im Grunde geht es dabei um die Fähigkeit, loszulassen und sich zu öffnen. Sanftheit bedeutet eine Haltung der Gutherzigkeit gegenüber uns selbst. Präzision bedeutet, sehr klar zu sein, keine Angst zu haben, das zu sehen, was wirklich da ist, ebenso wie ein

Wissenschaftler keine Angst hat, in ein Mikroskop zu schauen. Offenheit bedeutet, loslassen und sich öffnen zu können.

Die Wirkung dieses Meditationsmonats, den wir nun beginnen, wird so sein, als ob am Ende eines jeden Tages jemand dir ein Video von dir vorführen würde und du dein ganzes Verhalten sehen könntest. Du würdest sicher oft zusammenzucken und »Igitt!« sagen. Du würdest wahrscheinlich sehen, daß du selbst all die Dinge machst, wegen derer du all die Menschen in deinem Leben kritisiert, die du nicht magst, all die Menschen, die du verurteilst. Mit dir selbst Freundschaft zu schließen, heißt im Grunde auch, mit all jenen Menschen Freundschaft zu schließen, denn wenn du schließlich diese Art von Ehrlichkeit, Sanftheit und Gutherzigkeit, verbunden mit Klarheit in bezug auf dich selbst erlangt hast, steht dem Empfinden von liebender Zuwendung auch in bezug auf andere nichts im Wege.

So ist also der Urgrund von *maitri* das Selbst. Wir sind hier, um uns selbst kennenzulernen und zu beobachten. Der Pfad, der Weg, um dort hinzukommen, unser wichtigstes Fahrzeug wird die Meditation und darüber hinaus auch ein generelles Gefühl der Wachsamkeit sein. Unsere Wißbegier wird sich nicht auf die Zeit beschränken, in der wir hier sitzen: Ob wir nun über die Gänge laufen, die Toiletten benutzen, draußen spazierengehen, in der Küche das Essen zubereiten oder uns mit unseren Freunden unterhalten – egal, was wir tun, wir werden versuchen, dieses Gefühl der Lebendigkeit, der Offenheit und der Neugierde in bezug auf alles, was geschieht, wachzuhalten. Vielleicht werden wir das erleben, was traditionell als die Frucht von *maitri* beschrieben wird: die Ausgelassenheit.

Thomas Cleary

DER WEG DES ZEN-KRIEGERS

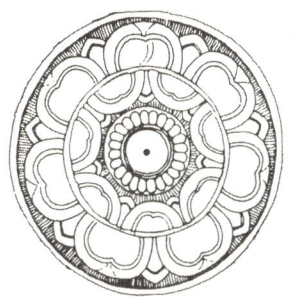

Suzuki Shôsan (1579–1655), ein Samurai, der sich ganz dem Zen zuwandte und in bezug auf die Erziehung noch strengere Ansichten vertrat als Musashi und Yagyû, war nicht wie diese beiden primär ein Einzelkämpfer; er hatte früher in seinem Leben auch aktiv an Kriegen teilgenommen. Wie viele siegreiche Krieger hatte Shôsan, als der Frieden kam, das Waffenhandwerk aufgegeben und selbst in seinen engagiertesten Zen-Schriften nie den mörderischen Fanatismus oder die Blutrünstigkeit offenbart, die das Werk Musashis, des ewigen Kämpfers, kennzeichnen.

Shôsans Werk ist jedoch – selbst da, wo es um weltliche Gegenstände kreist – nicht weniger tiefschürfend als die Lehren von Musashi. Auch zeugen die Ansichten des ehemaligen Befehlshabers Shôsan von einem reineren und differenzierteren Verständnis des Zen und anderer spiritueller Wege als die des monomanischen Kämpfers Musashi. Wie zahlreiche andere ehemalige Krieger arbeitete Shôsan später auch als Heiler, wobei er sogar eine alte spirituelle Heilmethode wieder populär machte. Trotz seines hochfliegenden Idealismus passen sich daher seine Vorstellungen von der richtigen Erziehung durchaus sowohl individuellen als auch allgemeineren, durch die historischen und kulturellen Umstände erzeugten Bedürfnissen in sehr einfühlsamer Weise an.

Shôsan kritisierte die Auffassung von der Erweckung durch das Zen als magischem Allheilmittel und von der Zen-Praxis als einem *auf* eine Person angewandten Training. In diesem Punkt folgte er der klassischen Zen-Lehre, nach welcher sich die evolutionäre Transformation des einzelnen von innen heraus vollziehen muß, damit sie den gesamten Geist und das gesamte Verhalten zu durchdringen vermag. Sofern dieser innere Wandel noch nicht eingetreten ist, so erklären die alten Lehrer, können die äußeren Disziplinen das Selbst negativ beeinflussen und gefährliche Eigenschaften fördern wie Arroganz und Gefühllosigkeit.

Eines der Grundprinzipien des Zen in bezug auf das Lernen ist in folgendem Sprichwort zusammengefaßt: »Wenn du den Mond am Himmel anstaunst, verlierst du die Perle in deiner Hand.« Bei den Chinesen heißt es: »Beeil dich, und du wirst nicht ankommen.« Der frühe Meister Dôgen (1200–1253), ein lange vernachlässigter Pionier des japanischen Zen und einer von Suzuki Shôsans hauptsächlichen Inspiratoren, brachte denselben Gedanken in folgendem Gedicht zum Ausdruck:

Grab den Teich, wart nicht
Auf den Mond. Ist der Teich da.
Kommt der Mond von selbst.

Shôsan schloß sich vielen von Dôgens Lehren an und war der Ansicht, der Buddhismus könne zu jedem beliebigen Augenblick praktiziert werden, wobei anspruchsvolle Fernziele keineswegs hinderlich seien.

Heutzutage denken die Leute, daß der Buddhismus nutzlos ist, wenn man nicht die Erleuchtung erlangt.

Das ist nicht richtig. Buddhismus bedeutet, daß man seinen gegenwärtigen Geist sinnvoll einsetzt; dann ist er auch von unmittelbarem Nutzen. Die Buddhisten streben danach, den Geist soviel wie möglich zu benutzen. Sobald dein Geist stärker wird, wird er nach und nach auch immer nützlicher.

Shôsan hob weiterhin die negativen Auswirkungen von Übertreibung und Ungeduld sowohl bei alltäglichen als auch bei spirituellen Bestrebungen hervor. Er bemerkte: »Diejenigen, die wegen der Welt in die Hölle gekommen sind, können durch den Buddhismus gerettet werden; aber was kann diejenigen retten, die wegen des Buddhismus in die Hölle gekommen sind?« Deshalb betonte er, wie wichtig es sei, die richtige Einstellung zum Lernen zu haben.

Wenn man mit einer bestimmten Ausbildung beginnt, sollte man darauf achten, daß man sich selbst gegenüber wirklich ehrlich ist. Man sollte sich nicht dazu zwingen, einen Beruf oder eine Kunst zu erlernen, ohne wirklich mit dem Herzen dabei zu sein. Wenn man sich übertriebenen Anstrengungen unterzieht und Entbehrungen auf sich nimmt, dann wird man ermüden und seine Kräfte verbrauchen, ohne den geringsten Nutzen davon zu haben.

Wenn du in einem schlechten psychischen Zustand bist, werden Kasteiungen die Sache nur noch verschlimmern. Der Zweck der Disziplin ist eine Steigerung der Kräfte, deshalb sollte man unbedingt jede Erschöpfung vermeiden.

In unserer Zeit haben unzählige Menschen ihre Kräfte verbraucht und wurden krank oder gar wahnsinnig, indem sie sich einem falschen Drill unterwarfen oder nur dem Schein nach Zen-Meditation praktizierten. Man sollte seinen eigenen Willen entwickeln und wirklich mit dem Herzen bei der Sache sein.

Diese Warnungen widersprechen den Parolen all derjenigen, die Meditation als etwas hinstellen, das für jedermann zu jeder Zeit gut und empfehlenswert ist. Es sind genügend Fälle von Menschen bekannt, die sich durch exzessives Meditieren psychische oder physische Krankheiten zuzogen und ihre Leiden noch dadurch verschlimmerten, daß sie sich mit »spirituellen« Techniken abquälten, auf die sie nicht genügend vorbereitet waren.

Im Westen wurden solch negative Auswirkungen oft mit den bestehenden kulturellen Unterschieden erklärt, doch existiert dasselbe Problem, wie wir von Shôsan erfahren haben, auch im Osten. Fälle von Verrücktheit ereignen sich immer wieder in japanischen Zen-Schulen, und zwar vor allem in solchen, in denen regelmäßig bestimmte Praktiken unter intensivem Druck ohne Rücksicht auf den psychischen oder physischen Zustand des Lehrlings geübt werden. Namentlich in den letzten hundert Jahren, in einer Zeit also, die für das traditionelle Zen insgesamt besonders schwierig war, ist in Geschichten von japanischen Zen-Mönchen häufig von psychischen Störungen die Rede. Verschlimmert wurde die Situation noch durch die Aufsplitterung buddhistischer Sekten, in denen bestimmte überlieferte Praktiken ohne Zusammenhang zum gesamt-buddhistischen Kontext beibehalten wurden.

In typisch buddhistischer Manier bediente sich Suzuki Shôsan bei seinen Belehrungen unterschiedlicher Stilformen, um die spezifischen Probleme und Denkweisen der einzelnen Gesellschaftsschichten in der jeweils angemessenen Weise anzusprechen. Obgleich zunehmend mehr Kinder von Bauern, Handwerkern und Kaufleuten in den buddhistischen Schulen lesen und schreiben lernten, waren zu Shôsans Zeiten und noch lange danach die Krieger der bei weitem gebildetste Stand in Japan. Deshalb enthalten seine besonders an die Krieger gerichteten Ansprachen und Schriften die meisten Ratschläge zum Thema Erziehung und Charakterentwicklung. Diese Belehrungen des Zen-

Meisters Suzuki Shôsan enthalten in wiederum typisch buddhistischer Weise einen wahren Schatz an Zitaten, die selbst in ihrer wörtlichsten Bedeutung von Nutzen sind und mit zunehmender Erfahrung und Erkenntnis immer tiefere Einsichten vermitteln.

Erhebe dich und sei für dich selbst verantwortlich. Selbst besonnene und umsichtige Leute werden ihre geheimen Fehler verbergen, wenn sie nur um die öffentliche Meinung und das äußere Ansehen besorgt sind. So werden selbst sehr konventionell denkende und konservative Menschen in ihrem inneren Geist Fehler haben. Hüte dich vor deinem Geist und übernimm die Verantwortung für dich selbst.

Diese Ansicht steht in scharfem Kontrast zu dem Bild, das man sich im allgemeinen von der Moral der Japaner macht. Gewöhnlich wird die Scham – beziehungsweise die Angst vor Schande als das bestimmende Element im Sozialverhalten der Japaner angesehen. Shôsan verdeutlicht hier jedoch die Unzulänglichkeit der Scham im Vergleich zum Gewissen, mit dem sie ursprünglich in der buddhistischen Psychologie in Verbindung gebracht wurde. Die abendländisch-christliche Ethik kreist in der Regel um den Begriff der Schuld, die japanische dagegen um den der Scham oder Schande. Indem die traditionelle buddhistische Psychologie Scham und Gewissen miteinander verknüpft, umfaßt sie in einem Bewußtseinskontinuum sowohl das soziale als auch das persönliche Moralempfinden. Shôsan macht auch deutlich, in welcher Weise die innere, persönliche Seinserfahrung die äußere, interpersonale Erfahrung direkt beeinflußt. Die von Shôsan gelehrte Form zen-buddhistischer Introspektion und Selbsterforschung ist daher keine Selbstvertiefung zum Zweck einer Ablenkung von der äußeren Wirklichkeit, sondern ganz offensichtlich ein Weg, sich die allgemeinen

psychologischen Grundlagen des sozialen Handelns be-
wußtzumachen.

Sei dir deiner selbst bewußt und erkenne dich selbst.
Gleichgültig, wieviel du gelernt hast und wieviel du
weißt, solange du dich nicht selbst kennst, weißt du
überhaupt nichts. Ja, wenn du dich nicht selbst kennst,
kannst du überhaupt nichts anderes wissen.

Leute, die sich nicht selbst kennen, kritisieren andere
aus der Sicht ihres eigenen unwissenden Selbst. Alles,
was mit ihrer persönlichen Ansicht übereinstimmt,
betrachten sie als gut, und alles, was ihnen nicht zusagt,
verurteilen sie. Sie regen sich über alles auf und lassen
sich also selbst leiden; allein aufgrund ihrer Vorurteile
quälen sie sich selbst.

Wenn du weißt, daß dir nicht jedermann angenehm
ist, so wisse, daß auch du nicht jedermann angenehm
bist. Wer keine Vorurteile hegt, lehnt niemanden ab;
deshalb lehnen die Menschen auch ihn nicht ab.

Taisen Deshimaru

DIE KRANKHEITEN

Die westliche Medizin definiert Krankheit als eine Veränderung der physiologischen (funktionell oder organisch) oder psychischen Verfassung des Körpers sowie der geistigen Fähigkeiten und des Verhaltens. Diese Veränderung wird meist von einem Gefühl des Leidens begleitet, auf das die überspezialisierte westliche Medizin mit ebenso spezialisierten Therapiemaßnahmen antwortet, die den Kranken auf der Ebene der unmittelbar zu beobachtenden Symptome heilen und erleichtern sollen, leider jedoch ohne sich um die tieferen Gründe und den weit zurückliegenden Ursprung der Krankheit noch um die Begleiterscheinungen der betreffenden Therapie zu kümmern.

In früheren Zeiten war die westliche Medizin der therapeutischen Wahrheit näher; sie betrachtete die Krankheit aus globaler und komplexer Sicht und war ebenso um die Heilung des Geistes als auch um die Heilung des Körpers bemüht. Bedauerlicherweise hat sie sich übermäßig spezialisiert und jedes Gefühl für Synthese verloren, während sich in gleichem Maße das analytische kartesianische Denken entwickelt hat und sich spezialisierte, lediglich auf bestimmte, recht begrenzte Ziele gerichtete Methoden durchgesetzt haben. So hat sich die westliche Medizin, indem sie zu einer positivistischen und rein rationalen, abstrakten Wissenschaft wurde, von der ärztlichen Wirklichkeit entfernt.

Ganz anders ist es mit der Medizin des Ostens. Die Krankheit wird hier stets im Zusammenhang mit der Ganzheit des Lebewesens gesehen und dieses als das Ergebnis einer beträchtlichen Vielzahl untereinander abhängiger und sich gegenseitig ergänzender Gegebenheiten. So wird nicht nur die physische und psychische Verfassung des Patienten in Betracht gezogen, sondern auch alle äußerlich und innerlich wahrnehmbaren und nicht wahrnehmbaren Einflüsse, also die Kraftfelder seiner Umgebung, die Erbfaktoren, seine moralischen Vorstellungen, seine Stimmungen, sein Temperament und auch die dunklen Kräfte seines manifesten wie latenten Karmas (die ruhende Gesamtheit seiner vergangenen Handlungen, die von seinem persönlichen genetischen Erbe und seinen derzeitigen Eigenschaften als individualisiertes Wesen bestimmt ist). Die Medizin bildet im Osten einen wesentlichen Bestandteil des Gesamtwissens und steht in enger Beziehung zu den anderen Natur- und Geisteswissenschaften. Für einen östlichen Geist kann das auch gar nicht anders sein, denn er sieht in der Krankheit das Ergebnis verschiedener Faktoren, die ebenso dem physiologischen wie auch dem geistigen Bereich zugehören und deren Diagnose oft philosophischer Annäherung bedarf. Einem auf Synthese ausgerichteten intuitiven Denken, das von einer einheitlichen und unendlichen Schau des Universums ausgeht, entspricht notwendigerweise eine ebensolche Annäherung an die Erscheinungen. Analog verfährt das analytische westliche Denken methodisch, positivistisch und dualistisch.

Die Krankheiten nehmen im Rahmen dieses Werkes eine wichtige Stellung ein. Dies ist verständlich, denn der pathologische Zustand ist in der Tat nicht nur die Manifestation einer organischen oder funktionellen Unordnung in einem bestimmten Teil des Körpers infolge einer von außen kommenden toxischen Substanz, sondern er ist exakter Ausdruck und karmische Kehrseite der Bonno – der Leidenschaften, Wünsche und Begierden. Die Vernachlässigung der rechten Konzentration und Beobachtung – Ausdruck der Unwissenheit des in Bruch mit der kosmischen Harmonie und der einheitlichen Ordnung des Universums lebenden Egos – führt, wenn auch nicht zu Krankheit im eigentlichen Sinn, so doch zu Störungen und Leiden. Die Vier Edlen Wahrheiten Buddhas lehren nichts anderes als eben dieses Leiden, dessen Ursprung das Ego ist, das heißt die Unwissenheit als Schöpferin der Unordnung und der körperlichen sowie geistig-seelischen Störungen. Die »Therapie«, die er zur Auslöschung allen Leidens lehrte, verdrängt von vornherein alle anderen Medizinen und Therapien in dem Maß, als sie die sofortige Heilung von Körper und Geist durch das Eintauchen beider in das Samadhi, den reinen Urzustand, herbeiführt.

Man muß zeitlich nicht weit zurückgehen, um in bezug auf Krankheit auf den Begriff »Dämon« zu stoßen, und man findet dieselbe Bezeichnung, wenn es sich um Wünsche und Leidenschaften handelt. Daraus erkennt man die enge Verbindung, die die Weisen der Vergangenheit zwischen Bewußtseinsverfassung und Gesundheitszustand herstellten!

»Krank sein bedeutet, dem *takuhachi* (= Rundgang der Mönche, um Essensspenden aus der Bevölkerung einzusammeln) fernbleiben zu müssen.«

»Krank sein bedeutet, zum Bettler zu werden.«

»Krank sein bedeutet, nicht mit der Sangha der Mönche Zazen üben noch mit ihnen essen zu können.«

So drücken die buddhistischen Sutras ihre Sicht vom Kranksein aus. Stets sprechen sie von ihm als etwas, das im Gegensatz steht zu der Fähigkeit, eine gewöhnliche Alltagshandlung auszuführen. Krankheit wird also in den asiatischen Ländern immer als Verlust an Energie, Mangel an Gleichgewicht oder schlechte Aufteilung der Energie betrachtet. Das ist die Bedeutung der Schriftzeichen *byo* (krank) und *ki* (die Kraft des Universums, die Vitalität, aber auch Geist oder Wille). *Byoki* bedeutet also wörtlich: kranker Geist und Wille, gestörte Verbindung zum kosmischen Kraftpotential.

Gesundheit setzt das normale Funktionieren der Vitalkräfte voraus. Ein Organismus ist dann krank, wenn seine Vitalität geschwächt ist. Was aber sind diese Lebensfunktionen? Es sind die im Organismus bewirkten Umwandlungsprozesse der äußeren Elemente wie Wasser, Erde, Luft und Strahlungen, die ihm die zu seinem Bestehen nötige Kraft verleihen. Wenn die Vitalkraft abnimmt, wird der Organismus geschwächt, und unser Homöostasievermögen verringert sich: die im Körper fließende Energie (was darunter genau zu verstehen ist, erkläre ich im folgenden) kommt aus dem Gleichgewicht, und die Krankheit findet nun einen günstigen Nährboden!

In einem Sutra heißt es: »Krank sein bedeutet, einen oder mehrere Aspekte der 404 Krankheiten zu besitzen.« Diese 404 Krankheiten teilen sich in vier Gruppen, nämlich

– die 101 Krankheiten der Luft,
– die 101 Krankheiten des Feuers,
– die 101 Krankheiten des Wassers, und
– die 101 Krankheiten der Erde.

Diese Theorie bildet die Basis für die gesamte östliche Medizin, deren Therapieformen die Aufrechterhaltung oder Wiederherstellung des funktionellen Gleichgewichts unter den vier Grundelementen zum Ziel hat.

Es ist unmöglich, in diesem Kapitel das weite Gebiet östlicher Therapiemethoden ausführlich zu behandeln, dafür sind spezialisierte Werke vorhanden. Die wichtigen und zum Verständnis des Textes notwendigen Punkte werden hier zwar der Reihe nach beschrieben, aber hauptsächlich ist dieses Kapitel dem Studium der Diagnose- und Behandlungsmethoden gewidmet, die im Zen üblich sind, sei es mit Hilfe von Zazen oder anderer, klassischer Methoden. Im Ietzten Teil des Kapitels schließlich wird, ausgehend vom Standpunkt der Buddhalehre und in tiefer Verbindung mit dem Karma stehend, eine philosophische Annäherung an die jeweilige Krankheit versucht.

Auch im Familienleben trifft man einen wahren Buddha; auch in den alltäglichen Dingen existiert das wahre Tao. Wenn Menschen aufrichtig und friedvoll sind, heiter und freundlich mit anderen umgehen, so ist das viel mehr wert als jede formale Meditationspraxis.

Huanchu Daoren

Hugo M. Enomiya-Lassalle

ANREGUNGEN FÜR DIE CHRISTLICHE SPIRITUALITÄT

Anwendung der Zen-Meditation im christlichen Bereich: Die Frage der Anwendung der Zen-Meditation ist im katholischen Raum umstritten. Wir haben uns an anderer Stelle entschieden dafür ausgesprochen. Die Gründe dafür ergeben sich aus dem, was in dieser Arbeit über das Zen gesagt worden ist. Von jenen, die diese Frage negativ beantworten, wird nicht nur die für den Europäer schwierige Körperhaltung geltend gemacht, sondern auch – und das ist hier viel wichtiger – ideologische Bedenken, vor allem, daß diese Methode sich nicht von der buddhistischen Lehre trennen lasse, aus der sie hervorgegangen ist, und daß deshalb die Gefahr bestehe, daß man durch sie zum Monismus geführt würde. Daß diese Bedenken nicht berechtigt sind, dürfte aus dem Gesagten deutlich hervorgehen, denn wir haben ja gesehen, daß sich, außer der Körperhaltung, alle Elemente der Zen-Meditation, die ausdrücklich von jeglicher Lehre absieht, auch in christlichen Anweisungen zur Betrachtung und Meditation finden. In der Mystik der Ostkirche haben wir überdies körperliche

Elemente, die im wesentlichen mit den im Zen verwandten übereinstimmen.

Auch für die Methode im einzelnen haben wir schon ausführliche Anweisungen gegeben. Wir möchten an dieser Stelle nur auf einen Punkt hinweisen: Manche Christen, die erst anfangen, die Zen-Meditation zu üben, haben das Gefühl, daß sie diese Art der Meditation, bei der über nichts nachgedacht wird, dem Christentum entfremden könnte. Dazu ist zu sagen, daß es ihnen jederzeit freisteht, zu beten, wenn sie sich dazu angetrieben fühlen. Mit der Zeit wird sich bei eifrigem Üben die harmonische Vereinigung von beidem ganz von selbst ergeben. Dies wird um so klarer, als sich die Meditation zu einer überrationalen und überdiskursiven entwickelt. Eines Tages wird der Meditierende feststellen, daß die Zen-Meditation zu einer christlichen Meditation geworden ist, die Gott näher ist als jede diskursive christliche Betrachtung.

Handelt es sich nicht um westliche Menschen, sondern um christliche Orientalen, so hat die Frage eine weit höhere Bedeutung, denn diesen liegt die diskursive Betrachtung viel ferner als den Christen im Westen, kennt doch kaum eine der östlichen Religionen die diskursive Betrachtung, obwohl sie alle in hohem Maße die eigentliche Meditation benutzen. Man kann mit Recht die Frage stellen, ob die im Westen durchaus am rechten Platz stehende Grundregel, daß man sich in der gegenständlichen Betrachtung üben soll, bevor man sich die Meditation im eigentlichen Sinne zu eigen macht, im Osten dieselbe Berechtigung hat. Liegt es nicht näher, daselbst auch den Christen von vornherein eine Art der selbstverständlich christlichen Meditation zu lehren, die ihrer jahrtausendealten religiösen Tradition entspricht und diese gewissermaßen auffängt? Heute könnte man dieselbe Frage im Westen stellen, gibt es doch heute allein in Westdeutschland schätzungsweise mehr als 100 000 Menschen, die Zen oder andere östliche Meditationen mit großem Nutzen praktizieren, ohne jemals eine gegenständliche Betrachtung gemacht zu haben.

In diesem Zusammenhang bleibt uns noch die früher zurückgestellte Frage nach der Bedeutung der Zen-Meditation im Bereich der christlichen Bildmeditation oder des Bildhaften in der christlichen Meditation zu beantworten. Zweifellos ist die Zen-Meditation ihrer Natur nach nicht auf das Ein-Bilden, sondern auf das Ent-Bilden eingestellt. Es hindert jedoch nichts daran, sie je nach der Veranlagung des Meditierenden und mit der Gnade auch in dieser Richtung auszuwerten; denn auch die Bildmeditation ist nicht diskursiv und will im Seelengrund vollzogen sein, so daß die im Zen übliche Körperhaltung und Atemregulierung sich auch hier günstig auswirken könnte. Die Bildmeditation kann gewiß allgemein empfohlen werden als ein Abrücken von der diskursiven Betrachtung, falls diese nicht mehr recht ankommt. Sie ist ja auch in vielen Formen weit verbreitet. Aber als eine entfernte Vorbereitung für das Zen scheint sie uns nicht geeignet. Sie kann sogar ein Hindernis sein, weil die Bilder ja nicht nur in der Phantasie stehen, sondern im »Grund« überwunden werden müssen.

Anregungen für unsere christliche Spiritualität: Damit sind Anregungen gemeint, die uns nahelegen, mit eigenen (christlichen) Mitteln unsere Spiritualität zu vertiefen und zu beleben. Während die direkte Verwendung der Zen-Meditation im Westen immer nur eine Sache von wenigen ist, so geht die hier gestellte Frage uns alle an.

Manche wollen auch das nicht gelten lassen. Aber es scheint uns trotzdem der Mühe wert, auch hier einige Hinweise zu geben, obwohl sich manches aus dem, was bereits gesagt wurde, von selbst ergeben dürfte.

Keinem, der auch nur in dem engen Rahmen, wie es in dieser Arbeit möglich war, einen Blick in die Geschichte der christlichen Spiritualität tut, kann es entgehen, daß all das, was heute viele im Westen von den Religionen des Ostens erhoffen, seit Jahrhunderten im Christentum vorhanden ist, vielleicht müssen wir sagen, schlummert , da es von den meisten vergessen wurde. Man ist versucht, an die römischen Katakomben zu denken, von denen kaum noch jemand wußte, daß es sie gab, bis man sie ausgrub und zu einem heiligen Ort der Erinnerung machte. Kein Pilger, der nach Rom kommt, unterläßt, sie zu besuchen, um an den Gräbern der Märtyrer neue Kraft zu schöpfen.

Da ist also das wiederholt berührte Thema der Betrachtung, die zur rechten Zeit zur Meditation weitergeführt werden sollte, anstatt daß man das ganze Leben hindurch versucht, Wasser aus ausgetrockneten Zisternen zu schöpfen, und versäumt, zur reinen Quelle zu gehen, die aus dem göttlichen Grund immerdar sprudelt und von der uns der gütige Gott zu trinken geben möchte. »Würdest du die Gabe Gottes kennen... so hättest du ihn wohl gebeten, und er hätte dir lebendiges Wasser gereicht« (Joh. 4, 10). Das war doch das große Thema Taulers in allen Unterweisungen für die Ordensleute und in den Predigten für das Volk. Er wußte wohl, daß dafür die rechte Zeit erst kommen muß.

Ferner gibt es auch im Westen seit dem letzten Weltkrieg verhältnismäßig viele Fälle von inneren Erlebnissen, ähnlich dem des *satori*. Haben wir uns nicht wegen gewisser Gefahren zu sehr von der Mystik distanziert, so daß solche Menschen kaum noch einen geeigneten Führer finden, der ihnen mit sicherer Hand zeigt, wie sie diese Erfahrung zu ihrem Besten verwerten können, anstatt Schaden zu erleiden? Ein anderes wichtiges Moment der Religion, auf das uns das Zen aufmerksam machen sollte, ist das somatische Element. Wer von uns weiß heute noch, was das eigentlich bedeutet? Doch wer sein Christentum nicht nur im Kopf, sondern auch im Leib hat, der kann es nicht mehr lassen. Man kann sich fragen, ob ohne dieses somatische Element die römische Märtyrerkirche überhaupt möglich gewesen wäre. Jene christlichen Männer, und selbst Frauen und Kinder, die in die Arena des Amphitheaters gejagt und um ihres Glaubens willen von den Bestien zerrissen wurden, waren Menschen wie wir und hatten auch Nerven wie wir. Aber sie waren an Leib und Seele von ihrem Glauben so durchdrungen, daß sie ihn nicht mehr lassen konnten. Ihnen war das Christentum buchstäblich einverleibt. Wir haben Leib und Seele in der Religion, wenigstens in letzter Zeit, zu sehr voneinander getrennt. Und doch wird uns im Athanasischen Glaubensbekenntnis bezeichnenderweise die enge Verbindung zwischen Leib und Seele als Symbol für die Verbindung von Gottheit und Menschheit in Christus vorgestellt, die so eng ist, daß die zwei Naturen in Christus doch nur eine Person sind und die Gottheit überdies mit dem Leibe Christi selbst nach dessen Tode noch verbunden blieb.

Das Somatische ist ein hervorragender Zug aller orientalischen Religionen, so sehr, daß man sich ohne dieses Element gar keine Religion denken kann. Die Lehre wird buchstäblich inkorporiert, nicht mit Gründen und Beweisen, sondern mit Körperhaltung und Atmung. Wir suchen dasselbe heute durch eine verständliche und den Menschen wirklich zu einem Erlebnis werdende Liturgie zu erreichen. Aber wenn noch eine Meditationsweise gefunden würde, die gerade auf dieses Ziel eingestellt ist, wäre das eine große Hilfe. Die Ostkirche hat, wie wir gesehen haben, im Jesusgebet ein vortreffliches Mittel für diese »Durchblutung« des christlichen Geistes gefunden.

Noch ein Punkt, über den uns das Studium des Zen zum Nachdenken anregt – und wenn man die Dinge mit eigenen Augen gesehen hat, geradezu zwingt –, ist hier zu erwähnen. Wir haben an entsprechender Stelle auf die heroischen Anstrengungen hingewiesen, unter denen man vielleicht das *satori* zu erlangen sucht. Meister Harada sagte, das Streben nach Vollkommenheit beginne überhaupt erst, nachdem man die Erleuchtung erlangt habe, weil erst dann eine seelische Dispositon geschaffen sei, in der der Mensch die Dinge richtig sieht. Was das im buddhistischen Sinne heißt, interessiert uns jetzt nicht, wohl aber, was diese Vorbedingung für ein fruchtbares Streben nach Vollkommenheit im christlichen Sinne besagen würde: daß nämlich wenigstens jeder Ordensmann und jede Ordensfrau bis zu den Anfängen des mystischen Lebens gelangen müßte, oder mit anderen Worten, daß dieser Durchbruch zum rein Geistigen erfolgte.

Wenn man nun aber in Ruhe erwägt, was die christlichen Heiligen, wenn auch nicht alle im gleichen Maße nach außen sichtbar, getan haben, bis sie zu diesem Punkt gekommen sind, dann ist eine eigenartige Parallele zum *satori* nicht zu verkennen. Wir haben die Überzeugung gewonnen, daß das *satori* wenigstens zunächst als ein natürliches Geschehen anzusehen ist. Ist es nun richtig, daß bei den Heiligen auf dem Weg zu ihrer großen Erleuchtung, selbst wenn diese übernatürlicher Art war, alles nur ein Werk der Gnade war? Sollte man nicht auch bei ihnen annehmen, daß sich eine natürliche Entwicklung vollzog? Sie haben doch, wenn auch in anderer Form, dieselbe aktive Reinigung von Sinneseindrücken und allem anderen vollzogen, wie diejenigen, die das *satori* erlangten. Daraus würde sich aber ergeben, daß wir dieses Minimum an mystischer Erfahrung erreichen können. Das würde nicht bedeuten, daß der christliche Mystiker gewissermaßen ein großes Maß an Kasteiungen auf den Altar legt und Gott ihm dann als Gegengabe mystische Gnaden gibt, sondern daß ein natürlicher Kausalnexus zwischen den Kasteiungen und den Meditationen und diesem Eintritt in die Mystik besteht. Das schließt nicht aus, daß auch die Gnade mitwirkt, aber zunächst ginge es darum, daß die natürlichen Kräfte sich auswirkten.

Wenn diese Vermutung richtig ist, müßte man sagen, daß die sinnlich-geistige Natur des Menschen so von Gott eingerichtet ist, daß ihr eine Loslösung vom Sinnlichen, ein

Durchbruch zum rein Geistigen, möglich ist, vorausgesetzt, daß radikaler Einsatz geleistet wird. Ist dieser Durchbruch im Falle eines christlichen Heiligen wirklich so verschieden von dem eines buddhistischen Mönches?

Man kann die große Ähnlichkeit zwischen der mystischen Erfahrung im christlichen und nichtchristlichen Bereich dadurch zu erklären versuchen, daß Gott auch in der Seele des Nicht-Christen wirkt. Man kann sich aber auch fragen, ob die große Ähnlichkeit zwischen beiden nicht vielmehr daraus zu erklären ist, daß umgekehrt auch beim christlichen Mystiker in erster Linie die menschliche Natur am Werke ist. Daraus folgt keineswegs, daß alle Mystik im christlichen und im nichtchristlichen Bereich einfach dasselbe ist. Wir sind im Gegenteil, von Einzelfällen abgesehen, der Überzeugung, daß im allgemeinen ein Unterschied besteht zwischen den inneren Erfahrungen, die vorwiegend durch Kräfte und entsprechende passive Reaktionen der Natur entstehen, und solchen, die vorwiegend auf einem besonderen Einfluß der Gnade beruhen. Das gilt schon für jene Vorstufen, die sowohl im Zen bis zur Erlangung des *satori* vorhanden sein können, als auch für durch die Gnade hervorgerufene Erfahrungen, die lange vor dem Erreichen der eingegossenen Beschauung vorkommen können.

Im Zen meinen wir damit etwa das freudige Gefühl, das ein Ton der Tempelglocke auslösen kann, während der Meditierende tief im *zanmai* ist. Schon dieses Gefühl der Freude ist für jeden, der es zum ersten Male erfährt, etwas ganz Neues, das ihm höher zu stehen scheint als alle anderen sensitiven Feuden. In der christlichen Mystik bezeichnet man die entsprechenden Erfahrungen als *touche mystique* oder mystische Berührung. Diese beiden Erfahrungen, die natürlich viel häufiger sind als das *satori* oder die eingegossene Beschauung, unterscheiden sich auch dann deutlich genug, wenn sie dem Grade oder der Stärke nach, jedes innerhalb seines Bereiches, gleich sind.

Worin der Unterschied besteht, läßt sich schwerlich in Worten zum Ausdruck bringen. Man könnte es einen Unterschied im Geschmack nennen, wobei jedoch in beiden Fällen der Geschmack gut und sogar sehr gut ist, wie etwa der Unterschied zwischen nordländischen und südländischen Weinen, wobei der südländische Wein der christlich-mystischen Erfahrung entsprechen würde. Darin ist etwas, was der andere nicht hat. Vielleicht ist es die Gottesliebe, die dort »gekostet« wird. Eine weitere Erklärung würde vom Thema abweichen.

Gehen wir nun zurück zur Erfahrung des »Durchbruchs«, dem *satori* des Zen. Es ist dort nicht nur uralte Tradition, ebenso wie im Yoga, daß niemand andere im Streben nach dem Höchsten führen soll, der nicht selbst die Erfahrung des *satori* hat, sondern auch heutzutage in manchen strengen Zen-Klöstern, daß niemand zu höherem Grade aufsteigen kann, der nicht die Wesensschau hat. Genauso wie man anderswo einen bestimmten Grad an Bildung haben muß, wird hier das *satori* verlangt.

Den parallelen Fall im christlichen Bereich kann man sich kaum vorstellen. Es würde zum Beispiel heißen, daß in einem religiösen Orden nicht nur eine bestimmte Zeit, wie das Noviziat, auf die asketische Ausbildung verwendet würde und eine noch längere Zeit auf das Studium, sondern daß für die Verwaltung gewisser Ämter und zur Führung anderer im geistlichen Leben jene innere Erfahrung verlangt würde, die dem *satori* entspricht, mit anderen Worten, der erste Grad der Mystik. Es gibt gewiß kein einziges religiöses Institut, in dem man auch nur den Versuch gemacht hätte oder auf den Gedanken gekommen wäre, so etwas einzuführen. Und doch bezeugen alle Mystiker, daß mit dem ersten Einbruch in jenes verschlossene Gebiet, das man das mystische Leben nennt, ein ganz neues Streben nach Vollkommenheit einsetzt und überhaupt erst dann möglich wird, genauso wie es die Zenmeister in ihrem Sinne sagen. Aber wenn wir es täten, was natürlich voraussetzen würde, daß diese Ziele mit höchster Klugheit angestrebt würden, täten wir nicht mehr als unsere Brüder im Osten, die ähnliche Berufe ausüben. Wir wollen und sollen nicht einfach kopieren. Wohl aber dürfen wir darüber nachdenken, ob nicht die Zeit gekommen ist, etwas in dieser Richtung unserem christlichen Empfinden Entsprechendes zu tun, oder ob das nicht sogar die heutige Zeit von uns verlangt. Im Widerspruch zum Christentum stehen solche Zielsetzungen sicher nicht, denn die Mystik ist auch im Christentum nichts anderes als die volle Auswirkung des Glaubenslebens, und wie das Beispiel der Viktoriner und der deutschen Mystiker zeigt, stand man in früheren Zeiten solchen Zielen viel positiver gegenüber, als es heute der Fall ist. Eine Revision wäre angebracht.

Wenn die Luft warm ist, kann alles wachsen und gedeihen; in der Kälte stirbt alles ab. Ähnlich ist es bei den Menschen: Ein kalter Mensch erfährt wenig Glück, während ein warmer, herzlicher Mensch reich gesegnet wird.

Huanchu Daoren

Lama Anagarika Govinda

Die Grundlagen der Achtsamkeit

Voll bewußt zu sein in allen Situationen und unter allen Bedingungen des Lebens, das war die Forderung des Buddha, als er davon sprach, daß man achtsam sein solle im Sitzen und Stehen, im Liegen und Gehen. »Vollbewußt« sein heißt aber nicht, daß wir uns nur eines einzelnen Aspektes oder einer einzigen Funktion unseres Körpers oder Geistes bewußt sein sollen, sondern vielmehr, daß wir uns *zugleich* mit unserem ganzen Sein über unser ganzes Sein und Wesen bewußt sind. Diese Art des »Sich-Bewußtseins« umgreift Körper und Geist und etwas, das beide übersteigt, nämlich jene tiefere Wirklichkeit, die der Buddha in dem Wort *Dharma* andeutete und welche er im Zustand der Erleuchtung verwirklichte.

Das wirksamste Mittel, um sich seines ganzen Wesens bewußt zu werden und um in einem Zustand vollkommener Konzentration und Ruhe – d.h. in geistiger Ausgeglichenheit – zu verharren, ist, wie wir bereits sahen, das Üben der *ānāpānasati*. Sie ist die Grundlage aller Meditation, denn durch den Atem kommen wir mit all unseren physischen und psychischen Eigenschaften in Verbindung. Durch bewußtes Atmen gewinnen wir die Synthese aller unserer Funktionen und erkennen die dynamische Natur und das universale Wesen des Lebens wie auch die Unmöglichkeit der Idee einer getrennten, unveränderlichen Ichheit, so wie dies der Buddha in seiner *Anātma*-Lehre zum Ausdruck gebracht hat. Nur auf dieser Grundlage können die darauf folgenden Schritte der *Satipatthāna*-Meditation verstanden und ihr Abgleiten in eine bloß intellektuelle Analyse und Negation aller positiven Lebenswerte verhindert werden.

Es ist charakteristisch und bezeichnend für die negative und voreingenommene Haltung jener, die eine moderne burmanesische Satipatthāna-Praxis vertreten, daß sie gerade den Teil des ursprünglichen *Satipatthāna-Sutta* unterdrücken, auf den der Buddha den größten Wert legte. Sie ersetzen ihn durch die oberflächlichste aller Methoden, nämlich durch die Beobachtung des Hebens und Sich-Senkens der Bauchdecke oder des Nabels und lenken auf diese Weise die Aufmerksamkeit des Meditierenden vom wirklichen Erleben des Atemprozesses ab. Wenn man aber so zweifelhafte Methoden benötigt, um die eigene Aufmerksamkeit auf einen Punkt zu richten, dann ist es besser, das Üben ganz aufzugeben und seine Konzentration auf etwas Würdigeres zu lenken – auf etwas, das unser natürliches und spontanes Interesse erregt und das keiner Anstrengung und keines Willenseinsatzes bedarf wie eine derartige Nabelschau, die nur der Stärkung unseres Ichs dient.

Wenn man sich allein auf den sichtbaren Mechanismus der Bewegung und der Funktionen der Muskeln und Glieder konzentriert, d. h. auf die rein materiellen körperlichen Vorgänge, so ist das eine Fixierung unseres Bewußtseins auf die niedrigste Form der Illusion und auf rein intellektuelle Analyse. Sie bringt uns der Wahrheit nicht einen Schritt näher, sondern führt uns in die Irre, weil sie uns glauben läßt, daß wir gewisse Tatsachen isoliert hätten, während wir ihnen in Wirklichkeit nur unsere materialistische Interpretation aufgezwungen haben. Die Irreführung besteht in der Tatsache, daß wir keinen Sinneseindruck isolieren können, da jeder Sinneseindruck bereits ein enorm komplizierter Vorgang ist. Wir können ihn nur bis zu jenem Punkt reduzieren, wo wir seinen augenscheinlichsten Aspekt, durch Unterdrückung aller anderen Faktoren, herausheben. Es ist lächerlich, dies einen Akt »unvoreingenommener Beobachtung oder Wahrnehmung« zu nennen, denn man verfälscht dabei die Wirklichkeit durch den willkürlichen Ausschluß der geistigen Faktoren (nämlich: des *Willens* als der Kraft, die Bewegung verursacht, ferner des *Geistes*, der seine eigenen Aktionen und Reaktionen beobachtet und schließlich der Bedingungen, welche diese Bewegung ermöglichen: der Kräfte des Universums, die den Hintergrund und die *conditio sine qua non* aller Phänomene der Materie und der Bewegung, des Bewußtseins und der Willenskräfte, des Lebens und des Todes, des Beharrens und des Fließens bilden).

Die Entstellung von Buddhas *Satipatthāna* kann leicht durchschaut werden, wenn man erkennt, wie künstlich gemacht solche Phrasen wie »berühren, berühren, berühren« oder »anheben, anheben, anheben« sind, durch die jede Bewegung verbalisiert wird, so als ob Anheben, Berühren, Aufsetzen etc. etwas wäre, das von selbst geschieht. Der Buddha war frei von derartigen Selbsttäuschungen, die einem engstirnigen Dogmatismus entstammen. Er hatte keine Angst, das Wort »Ich« oder die erste Person des Singular da zu gebrauchen, wo es nötig war. Er sagte z.B. ganz einfach und natürlich: »Wenn ich lang einatme, weiß ich, daß ich einen langen Atemzug gemacht habe; wenn ich kurz einatme, weiß ich, daß ich einen kurzen Atemzug gemacht habe«, oder in ähnlicher Weise: »Ich gehe, ich stehe, ich sitze, ich liege« etc.

Die Tatsache, daß alle Bewegungen auf eine zentrale Kraft oder ein individuelles Bewußtsein bezogen sind, bedeutet aber nun nicht, daß diese Kraft ein absolutes, unveränderliches und persönliches Ich ist. Ganz im Gegenteil: Wer die fundamentale Bedeutung des Atmungsprozesses begriffen hat – in dem sich ein ständiges Geben und Nehmen, Assimilieren und Umformen, ein Sich-Einverleiben und Zurückgeben vollzieht, der weiß, daß die Essenz individuellen Lebens nicht ein stagnierendes, unveränderliches Ich oder eine in sich selbst bestehende Einheit sein kann (separat von dem Körper, den sie bewohnt und von der Welt, in der sie lebt) – sondern daß es eine lebendige Kraft ist, ein Brennpunkt unendlicher Beziehungen. Der Versuch, die verschiedenen Funktionen voneinander zu trennen und sie so zu betrachten, als ob sie autonome, zu nichts in Beziehung stehende Erscheinungen wären, ist eine grobe Vergewaltigung der Wahrheit und Wirklichkeit. Wenn eine sichtbare Bewegung stattfindet, so liegt deren Wirklichkeit nicht im bewegten Objekt, sondern in der Kraft, die es bewegt.

Wenn ein Stein fällt, so kann keine noch so gründliche Untersuchung der Natur des Steines die Ursache seines Falles erklären. Nur wenn wir die Kraft und das Prinzip der Gravitation begriffen haben, beginnen wir, die universelle Bedeutung dieses einfachen Phänomens zu verstehen.

Indem wir die eine Hälfte der Wirklichkeit unterdrücken, d.h. den bewußten Vorgang unseres Willensaktes, der wunderbarerweise (und welch größeres Wunder könnte es geben, als das direkte Einwirken des Geistes auf die Materie!) die Bewegung unserer Glieder verursacht, vergewaltigen wir die Wahrheit und degradieren die Wirklichkeit zu einem mechanischen und völlig sinnlosen Phänomen.

Augenscheinlich war Admiral Shattock zu einem ähnlichen Schluß gekommen, als er Mahasi Sayadaw die Frage vorlegte: »Was ist die Verbindung zwischen dem denkenden Geist, der Befehle gibt, und dem physischen Gehirn, das sie im Körper ausführt; wie kommt das zustande?«

Hier berührte er eines der tiefsten Mysterien des Lebens: Die gegenseitige Beziehung von Geist und Materie *(mano-maya)*, die uns verstehen läßt, daß der Körper nicht einfach ein Werkzeug oder Instrument des Geistes ist – verschieden von der Wesensnatur des Geistes und ihm fremd – sondern daß er *kristallisiertes Bewußtsein* ist, das sich durch Äonen organischer Entwicklung und in Übereinstimmung mit den universellen Gesetzen, die sich in jeder Funktion des Körpers und seiner Organe offenbaren, herausbildete. Doch statt die Gelegenheit zu nutzen, um einige Klarstellungen über die wahre Natur des Geistes und seiner schöpferischen Kraft zu geben *(mano pubbaṅgama dhamma)*, gab der Sayadaw folgende erstaunliche Antwort: »Der Sayadaw kann Ihnen keine Antwort auf eine Sache geben, über die sich der Buddha nicht geäußert hat in seinen Lehrgesprächen. Es ist daher für den Sayadaw unmöglich, eine Meinung über eine solche Sache zu haben.« Der Buddha hat aber niemals seinen Schülern verboten, selber zu denken, noch verkündete er je ein Dogma, das solche Fragen ausschloß.

Durch den Versuch, die spontane Beziehung zwischen Körper und Geist zu leugnen, indem wir ihn einer zeitverleugnenden Analyse und einer oberflächlichen Verbalisierung unterziehen, reduzieren wir uns selbst auf einen Zustand künstlicher Verdummung, der, wenn man bis zu einem logischen Ende ginge, zu einem vollständigen Stillstand aller Lebensfunktionen führen würde und schließlich zu einem körperlichen und geistigen Selbstmord mittels Schizophrenie. Denn das, was hier tatsächlich geschieht, ist der Versuch, einen Keil zwischen die Funktionen des Körpers und des Geistes zu treiben, indem wir ihre Einheit aufspalten in einen beobachtenden Intellekt (einen isolierten Teil unseres Oberflächenbewußtseins) und die äußere Auswirkung einer physischen Funktion (die ebenfalls ein isolierter Teil oder ein bloßes Endprodukt eines komplizierten psycho-physischen Prozesses ist, der seine

Wurzeln in den tieferen Schichten unseres Bewußtseins hat). Die Wirkung des Eingreifens unseres analytischen oder intellektuellen Bewußtseins in die spontanen und selbständig wirkenden Funktionen unseres körperlichen Organismus, der durch jahrbillionenlange Übung von der Last bewußter Bemühung befreit ist, wurde in Ogden Nashs bekanntem, humorvollen Gedicht über den Tausendfüßler beschrieben, der im Augenblick, in dem er sich bewußt von der Bewegung seiner Beine Rechenschaft zu geben versucht, nicht mehr weiterzugehen vermag:

> Der Tausendfüßler lebte ganz zufrieden,
> bis eine Kröte ihn im Spaße fragte:
> ›Sag', bitte, welches Bein bewegst du wohl nach welchem?‹
> Das wirkte dann in seinem Geiste solchermaßen,
> daß er verwirrt in einem Graben liegen blieb,
> vor lauter Überlegen nicht mehr wissend,
> wie er sich fortbewegen sollte.

Es ist eine Errungenschaft der biologischen Evolution, beziehungsweise der über-individuellen Kräfte unseres Tiefenbewußtseins, daß alle Hauptfunktionen unseres Körpers autonom sind und automatisch, d.h. sich selbst regulierend und unbewußt ablaufen, und daß sie – mit Ausnahme des Atems – ohne irgendeine Einmischung des Willens und des Intellekts vor sich gehen (wie z.B. das Schlagen des Herzens, das Zirkulieren des Blutes, der Ablauf nervöser Erregungen sowie die Vorgänge der Dissimilation, Assimilation und Ausscheidung etc.). Ohne diese unbewußten Funktionsabläufe hätten wir nie die Freiheit gewonnen, ein geistiges Leben zu entwickeln, das weit über die Grenzen des rein Körperlichen hinausgeht – über die physischen Notwendigkeiten und egozentrischen Wünsche und über die Enge momentaner Situationen und Bedingtheiten. Denn wenn wir eine bewußte Anstrengung machen müßten, um das Herz schlagen zu lassen oder um die Funktion des Atmens aufrecht zu erhalten, so würde unsere ganze Aufmerksamkeit darauf sich richten müssen, uns am Leben zu erhalten. Unter diesen Bedingungen aber würde weder Zeit noch Gelegenheit sein, unseren Geist in irgendeiner anderen Richtung zu betätigen; und überwältigte uns der Schlaf, so würde das den sicheren Tod für uns bedeuten.

Wie wir im vorigen Kapitel andeuteten, gibt es nur eine vitale Funktion, die trotz ihrer Unabhängigkeit von unserem Wachbewußtsein und trotz ihres sich selbst regulierenden und autonomen, unterbewußten Charakters in eine bewußte Funktion verwandelt werden kann, die dann auch unserem Willen unterworfen ist. Dies ist der Atem, der infolge seiner Doppelnatur zum Vermittler zwischen Geist und Körper gemacht werden kann und damit zum Mittel unserer bewußten Teilnahme an der lebenswichtigsten und universellsten Funktion unseres Körpers. Wenn wir jedoch unseren Willen dieser Funktion aufzwingen wollen, ohne daß wir ein tieferes Wissen von ihren Gesetzen und ihren weitreichenden Wirkungen haben, sind wir in Gefahr, ihren natürlichen Rhythmus zu stören und unserer Gesundheit ernstlich Schaden zuzufügen. Wenn wir aber versuchen, mit ihr bewußt in Einklang zu bleiben, ohne Einmischung unseres Willens, indem wir sie bloß mit unserem Bewußtsein und unserer ungeteilten Aufmerksamkeit *(smṛti)* erfüllen, dann wird nicht nur die Funktion des Atmens zu einem geistigen Erlebnis erhoben, sondern der ganze Körper wird bewußt durchdrungen und als Ganzes erlebt, so daß er zu einem Instrument des Geistes wird.

Anstatt also zu analysieren und zu sezieren oder bloß unser Bewußtsein auf die äußerlichen Bewegungen und sekundären Funktionen des Körpers zu richten, werden wir wieder vollkommen (ganz) durch die Einswerdung von Körper und Geist, wobei jede einzelne Funktion ihre

Bedeutung aus der Beziehung zum Ganzen bekommt. Denn das bloße Beobachten unwesentlicher Funktionen (isoliert von ihrem weitgesteckten Hintergrund und ihren wesentlichen Beziehungen) ist sinnlos. Eine isolierte Erfahrung oder eine isolierte Tatsache oder ein Wissensfragment, das aus seinem Zusammenhang gerissen ist, hat keinen Wert, es sei denn, daß wir es in richtiger Perspektive sehen und in Beziehung zu anderen Informationen. Die Fähigkeit der Koordination ist wichtiger als die Fähigkeit, Teilstücke von Erfahrungen oder angelernte Wahrheiten im Gedächtnis anzuhäufen. Gewahrwerden, Erinnerung und Koordination sind die drei wesentlichen Bestandteile des Geistes. »Reine Wahrnehmung« ist in 99 von 100 Fällen reiner Unsinn, denn wir können nicht etwas wahrnehmen ohne Bezugnahme auf eine frühere Erfahrung, die im Gedächtnis aufbewahrt worden ist. Nur durch Bezugnahme auf frühere Erfahrungen und Koordination ihrer Inhalte und Resultate kann Gewahrwerden irgendeinen geistigen Wert haben.

Der Ausdruck *smṛti* (Pali: *sati*) bestätigt diese Ansicht, da er nicht nur die Qualität des Gewahrwerdens, der Aufmerksamkeit, der Einsicht und des denkenden Betrachtens darstellt, sondern auch die Fähigkeit des Sich-Erinnerns. Die Sanskritwurzel ›*smṛ*‹ hat die Bedeutung des Sich-Erinnerns bzw. des Denkens an etwas. Somit kann die Idee der »reinen« oder »baren Wahrnehmung«, welche die burmanesische Schule zur Basis ihrer Meditation machen will, nicht als ein Kennzeichen der Satipatthāna-Übung aufgefaßt werden. Darüber hinaus fehlt der burmanesischen Methode das zentrale Element aller Meditation, nämlich *prīti* (Pali: *pīti*): Begeisterung oder besser noch Inspiration. Diese ist das freude-erfüllte, vorantreibende Element, das der zentrale Faktor jeder Meditation ist (die als *vitakka, vicara, pīti, sukha, ekaggata* in den Pali-Texten beschrieben wird) und in den Endstadien der Meditation mit *sukha* verschmilzt, dem Segen und der Glückseligkeit der

Befreiung. Die burmanesische Meditation ist dagegen eine wahre *tour de force*, in der der Meditierende rigoros alle natürlichen Impulse mit seiner ganzen Willenskraft unterdrückt. Konzentration sollte jedoch durch eine Haltung erreicht werden, die ganz natürlich alles auf einen Punkt sammelt und die so ein Zusammenwirken mit all den anderen Kräften der menschlichen Psyche erzielt. Eine Konzentration, die durch die Unterdrückung eben dieser Elemente erzwungen wird, ist der Verkrüppelung oder Verstümmelung eines Organismus zu vergleichen, um ihn dann mit dem Zwang brutaler Kraft gefügig zu machen.

Indem wir die Funktion des Gehens in verschiedene Phasen zerlegen, zerstören wir nicht nur die Einheit der Bewegung und ersetzen sie durch eine künstliche Aufteilung, die das Gehen nur zu einer Folter macht, ohne daß wir dadurch auch nur einen Schritt dem Verständnis unserer oder der Natur der Bewegung näher kämen. Ein solches Vorgehen ist die Antithese der Spontaneität – ist Verneinung all dessen, was die Meister des Zen als die höchste Vervollkommnung des Geistes betrachten: die Intuition. Es stellt den Sieg des engstirnigen Intellekts über die befreienden Kräfte des vereinigenden, intuitiven Geistes dar.

Jeder, der auch nur die geringste Kenntnis von Meditation hat, weiß, daß Unterdrückung weder ein Weg zu den Mysterien des Geistes ist noch zu denen des Körpers, der Gefühle und Emotionen. Was den Geist zu einer Einheit macht und ihn am Umherirren hindert, ist *pīti*, die weitaus mehr ist als die bloße Neugier eines Gehirns, das ein wissenschaftliches Experiment macht, um den Mechanismus von Körper und Geist zu erforschen. Sie ist jene Begeisterung der Inspiration, die wir in der Stille der Natur, am Fuße eines Baumes, in einer einsamen Klause, in einem stillen Zimmer unseres Herzens finden können – eine Inspiration, die die spontane Bewegung vom Geringeren zum Größeren, vom Niederen zum Höheren ist und die keine Spur von Macht oder Gewalt enthält.

Detlef Kantowsky

MAGGA – DER HEILSAME WEG

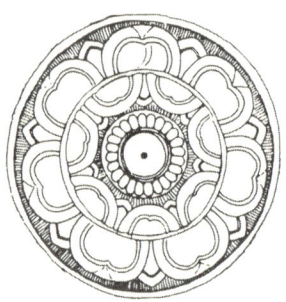

Ihr selbst müßt eifrig euch bemüh'n.
Die Buddhas zeigen bloß den Weg. (Dh.276)

In der ersten Belehrung der fünf Asketen im Gazellenhain bei Benares (S 56,I I) hatte Buddha den »Weg« so gekennzeichnet:

> Welches ist der Mittlere Weg, der zu Einsicht und Wissen führt, der Frieden verschafft, Erkenntnis der Vier Hohen Wahrheiten gewährt, der voll erwachen läßt den Gehenden, so daß er *Nibbana* berührt?
> Es ist der Hohe Achtfache Weg, und dies sind seine Kennzeichen: richtig erkennen, richtig gesinnt sein, richtig reden, richtig handeln, richtig Brot erwerben, sich richtig bemühen, richtig achtsam sein, sich richtig konzentrieren.
> Dies ist jener Mittlere Weg.

Während der weiteren fünfundvierzig Jahre mitleidsvoller Erwachsenenbildung erläuterte der Buddha den Inhalt der acht »Kennzeichen« je nach Situation und Hörfähigkeit der Fragenden. Einer verzweifelten Mutter zum Beispiel, die mit ihrem toten Kind im Arm zu dem berühmten »Meister« eilte, hätte eine Belehrung über die »fünf Stationen des Anhaftens« gewiß wenig geholfen. Der Buddha forderte sie auf, ihm schnell eine Handvoll Senfsamen aus einem Haus zu bringen, in dem in den letzten Jahren niemand gestorben sei. Das brachte sie auf den Weg und verhalf ihr zur eigenen Einsicht in die Vergänglichkeit. Als »geheilt« kehrte sie aus dem Dorf zum Rastplatz der Mönche zurück, jetzt aufgeschlossen für eine tiefergehende Belehrung über Möglichkeiten der Befreiung vom leidenschaftlichen »Ich«, das so lange *Dukkha* (»Getrenntsein vom Lieben«) erfahren wird, wie es in besitzergreifenden Kategorien von »mein« und »dein« die Welt ergreift und festzuhalten sucht.

Gewiß, die Geräusche des Entstehens und Vergehens der dhammischen Prozesse sind immer vorhanden, doch zum schmerzenden Lärm (»mit Unlieben vereint«) werden sie erst durch die Aneignungstendenzen von falsch programmierten Hörern. »Why do you disturb the sound?« fragte mich einmal ein thailändischer Mönch.

»Geht nicht nach Hörensagen, Kalamer«

Dieses immer an der Wirklichkeit des eigenen Erlebens orientierte didaktische Prinzip wird bei der Diskussion der Probleme besonders deutlich, die Honoratioren der Stadt Kesaputta, im Land der Kalamer gelegen, »dem erhabenen Gotamo aus dem Geschlecht der Sakka« einmal vortrugen (A 3,66). Sie fühlten sich schlicht überfordert durch die vielen Ratschläge und Therapien, die ihnen da von allen möglichen miteinander konkurrierenden Schulen angeboten wurden:

Es kommen da, o Herr, einige Asketen und Brahmanen nach Kesaputta, die lassen bloß ihren eigenen Glauben leuchten und glänzen, den Glauben anderer aber beschimpfen, schmähen, verachten und verwerfen sie.

Wieder andere Asketen und Brahmanen kommen nach Kesaputta, und auch die lassen bloß ihren eigenen Glauben leuchten und glänzen, den Glauben anderer beschimpfen schmähen, verachten und verwerfen sie.

Da sind wir denn, o Herr, im unklaren, sind im Zweifel, wer wohl von diesen Asketen und Brahmanen Wahres und wer Falsches lehrt.

Wie ging Buddha auf die Frage ein? Empfahl er dem Rat der Stadt eine »Gutachterkommission«, verwies er sie an Experten, die die unübersichtliche Situation für sie klären sollten? Das wäre ganz gewiß nicht im Sinne seiner Grundeinsicht gewesen, wonach »in diesem sechs Fuß hohen, mit Wahrnehmung und Bewußtsein versehenen Körper« die ganze Welt, »der Welt Entstehung, der Welt Ende und der zu der Welt Ende führende Pfad« enthalten ist. (A4,45) Den Kalamern wurde also Mut gemacht, ihrer eigenen Urteilskraft zu vertrauen. Um die Grundlagen der eigenen Wohlfahrt zu erkennen, brauchten sie keine auswärtigen Spezialisten, die womöglich nur verfremdeten, was doch durch Einsicht ins konkrete »Hier und Jetzt« der eigenen Zuständlichkeiten deutlich zu erkennen war:

Kalamer, geht nicht nach Hörensagen, nicht nach Überlieferungen, nicht nach Tagesmeinungen, nicht nach der Autorität heiliger Schriften, nicht nach bloßen Vernunftgründen und logischen Schlüssen, nicht nach erdachten Theorien und bevorzugten Meinungen, nicht nach dem Eindruck persönlicher Vorzüge, nicht nach der Autorität eines Meisters!

Wenn ihr aber selber erkennt: »Diese Dinge sind unheilsam, sind verwerflich, werden von Verständigen geta-

delt, und wenn ausgeführt und unternommen, führen sie zu Unheil und Leiden«, dann Kalamer, möget ihr sie aufgeben. Was glaubt ihr, Kalamer, gereicht die Gier, die im Menschen aufsteigt, ihm zum Heil oder Unheil?
Zum Unheil, o Herr.
Aus Gier, Kalamer, von der Gier überwältigt, umstrickten Geistes, tötet man Lebendiges, nimmt man Nichtgegebenes, vergeht man sich mit seines Nächsten Weib, spricht man Lüge und spornt auch andere dazu an; und dies wird einem lange Zeit zum Unheil und Leiden gereichen.
So ist es, o Herr.

Gleiche Wirkungen, so wurde den Kalamern dann weiter dargelegt, haben auch Haß und Unwissenheit. Auch sie führen immer wieder zu negativen Handlungen, deren Folgewirkungen noch lange Zeit ausgelebt werden müssen. Die Beurteilungsmaßstäbe für ein einsichtsvolleres Verhalten waren entsprechend einfach und direkt am eigenen Erleben orientiert:

Was glaubt ihr, Kalamer, sind diese Dinge heilsam oder unheilsam?
Unheilsam, o Herr.
Verwerflich oder untadelig?
Verwerflich, o Herr.
Und werden diese Dinge von Verständigen gepriesen oder getadelt?
Getadelt, o Herr.
Und führen diese Dinge, wenn ausgeführt und unternommen, zu Unheil und Leiden oder nicht?
Diese Dinge, o Herr, wenn ausgeführt und unternommen, führen zu Unheil und Leiden. So denken wir hierüber.
Aus diesem Grunde, Kalamer, haben wir gesagt: Geht nicht nach Hörensagen, nicht nach Überlieferungen,

nicht nach Tagesmeinungen, nicht nach der Autorität
heiliger Schriften, nicht nach bloßen Vernunftgründen
und logischen Schlüssen, nicht nach erdachten Theorien
und bevorzugten Meinungen, nicht nach dem Eindruck
persönlicher Vorzüge, nicht nach der Autorität eines
Meisters!

Im weiteren Verlauf des Gesprächs mit den Kalamern wird
ihnen dann verdeutlicht, wie wohltuend umgekehrt doch
alle Handlungen seien, die ohne Gier, ohne Haß und
unverblendeten Geistes bedacht und ausgeführt würden.
Schon zu Lebzeiten und ganz unabhängig von ihren sonsti-
gen Weltanschauungen könnten sie daraus Nutzen ziehen:

Sofern es eine andere Welt und ein Ergebnis guter und
schlechter Taten gäbe, könne »man des Trostes gewiß
sein, auf einer glücklicheren Daseinsfährte wieder zu
erscheinen«.
Aber auch wenn man an die Wirkungsgesetze des
Dhamma nicht glaube, lebe man doch wenigstens in
dieser Welt des Hier und Jetzt »ein leidloses, glückliches
Leben, frei von Haß und Übelwollen«.

Die Kalamer waren von dieser einfachen und anschauli-
chen Vergegenwärtigung des »im Grunde ihres Herzens«
ja selbst längst schon Gewußten so beeindruckt, daß sie
am Ende ihrer Begegnung den Buddha baten, sie künftig
als seine Anhänger zu betrachten.
Der Lehrer, seine Lehre und die zusammen mit ihm Ler-
nenden sollten ihnen von nun an sichere Zuflucht sein und
helfen, »Umgestürztes« wiederaufzurichten, »das Verbor-
gene« zu enthüllen und »den sicheren Weg« zu finden. Seinen Markierungen, auch wenn noch nicht alle »in Wirklichkeit« (als wohltuende Wirkungen also) selbst erkannt,
konnten sie vertrauen. Die Beschreibungen von weiter
Fortgeschrittenen stimmten mit allem überein, was sie bis-

lang als Wohl- und Wehgefühle selbst schon erlebt und erlitten hatten.

Es waren ja keine Beschreibungen, die der Buddha gab! Nicht (womöglich noch von anderen) Beschriebenes, sondern selbst unmittelbar Erfahrenes wurde im direkten Kontakt zwischen Sprecher und Hörern so lange anschaulich vermittelt, bis Einverständnis (ein gemeinsames Verständnis also) sich einstellte, auf dem aufbauend dann beim nächsten Gespräch und bezogen auf die jeweilige »Hörfähigkeit« der Fragenden ein weiterer Schritt zur Vermittlung des Weges getan werden konnte.

An dieses Muster schritt- oder stufenweiser Belehrungen ist auch der direkte Austausch gebunden. Ganzheitlich unmittelbares, selbstsüchtige Eingrenzungen momentan auflösendes Ein-Verständnis war auch zu Buddhas Zeiten eher die Ausnahme und nicht die Regel bei der Vermittlung des *Dhamma*. Die achtgliederige Einteilung des *Magga* ist daher als ein kommunikatives Hilfsmittel und nicht etwa als Leiter zu verstehen, auf der sich die Übenden Sprosse um Sprosse emporarbeiten müssen, um »ans Ziel« zu gelangen. So wie die Morgenröte dem Sonnenaufgang vorausgeht, geht zwar »den heilsamen Dingen als Vorläufer und erstes Anzeichen die rechte Erkenntnis« (A10,121) voraus; insofern steht auch ein erstes keimhaftes Verständnis des *Dhamma* am Anfang. Im übrigen aber bedingen und verschränken sich die Glieder des *Magga* wechselseitig und sind wirklichkeitsgemäß eher als ein Netz zu begreifen, in dem Veränderungen in einem der Knotenpunkte Verzerrungen oder Entspannungen in allen anderen zur Folge haben. Dennoch läßt sich vereinfachend sagen: Wissen ohne praktisches Handeln bleibt wirkungslos, Handeln ohne meditative Läuterung erstarrt zum Ritual, meditative Übungen ohne rechtes Wissen verführen zum Verweilen in (manchmal schönen) außerweltlichen Gefilden.

Ayya Khema

WEGE ZUR MEDITATION

Die Lehrrede von den sieben Kutschen (*Rathavinita Sutta*), beginnt damit, daß der Buddha seine Mönche fragt, ob sie einen Mönchsbruder kennen, der zehn Fähigkeiten in sich vervollkommnet hat. Er zählt dann diese zehn Eigenschaften auf, wobei Meditation erst an siebenter Stelle erwähnt wird. Die ersten sechs unterstützen die Meditation und führen zu ihr hin; sie bilden das nötige Fundament. Das bedeutet aber nicht, daß wir erst anfangen können zu meditieren, wenn wir diese Eigenschaften in uns vervollkommnet haben, im Gegenteil, die Meditation hilft uns bei dieser Entwicklung. Die erste Eigenschaft, die der Buddha erwähnte, ist die Fähigkeit, wenig Wünsche zu haben. Ein jeder, der schon einmal meditiert hat, weiß aus eigener Erfahrung, wie störend und unangenehm es ist, wenn man auf dem Kissen sitzt und sich wünscht, daß die Zeit schon vorbei sei, es nicht so heiß oder kalt wäre, die Beine nicht schmerzten, die Fliegen uns in Ruhe lassen würden, der Nachbar nicht husten würde und es schon Zeit zum Essen sei. Auch solche, im Prinzip recht unbedeutsame, Wünsche sind Hindernisse, denn jeder Wunsch bringt *Dukkha* mit sich. *Dukkha* läßt sich schwer übersetzen. Es wird oft als »Leid« bezeichnet, bedeutet aber vor allem, unerfüllt oder unzufrieden zu sein, sich unvollständig fühlen. Es schließt alles ein, was Negativität in sich trägt. Bei tiefster Einsicht erkennen wir eines Tages, daß jegliches Existieren unweigerlich *Dukkha* mit einschließt, weil wir nichts greifen können, das uns auf immer befriedigt. Die Ursache, warum Leid, Kummer, Sorgen und Ärgernisse aufsteigen, ist unsere Suche nach Befriedigung, also die Tatsache, daß wir Wünsche haben, die oft unerfüllt bleiben oder nach Erfüllung wieder neu auftreten. Entweder wir wollen etwas bekommen, was angenehme Gefühle verspricht, oder etwas loswerden, was unangenehme Gefühle verursacht. Bei seiner Erleuchtung hat der Buddha die »Vier Edlen Wahrheiten« durchschaut und unsere Begierden, die uns *Dukkha* bringen, die erste und die zweite Edle Wahrheit genannt.

Diese beiden Wahrheiten können wir ohne weiteres nachvollziehen. Die Wünsche, die wir im täglichen Leben haben, scheinen unser Leben interessant zu machen. In Wirklichkeit aber nehmen sie uns den Frieden des Herzens. Es gibt kaum einen Menschen auf der Welt, der inneren Frieden verspürt, weil ein jeder unerfüllte oder neu erwachte Wünsche hat. Wenn es keine persönlichen Wünsche sind, dann sollte wenigstens die Welt um uns herum anders sein. Unsere Umwelt ist aber nur ein Spiegelbild unserer Innenwelt. Sie zeigt uns unsere Stärken und Schwächen, denn wir haben sie selbst erschaffen.

Der Buddha sagte nicht, daß er einen wunschlosen Mönch suche, sondern einen, der wenig Wünsche hat. Dazu gehört dann auch die zweite Fähigkeit, die der Buddha von einem Mönch erhoffte, nämlich Zufriedenheit. In dieser Weise sollte er auch andere belehren und ihnen erklären können, daß wenig Wünsche zum Heil gereichen. Das Wort »zufrieden« zeigt deutlich, daß diese Eigenschaft »zum Frieden« führt. Zufriedenheit können wir erreichen, wenn wir nicht immer mehr haben, sein oder können wollen, sondern einmal die Wirklichkeit untersuchen und erkennen, daß alles so ist, wie es sein soll. Das bedeutet nicht, daß wir selbstzufrieden werden, sondern nur, daß wir Situationen und Menschen so akzeptieren, wie sie sind, und vor allem auch uns selbst . Wenn wir uns selbst nicht akzeptieren, können wir niemanden annehmen. Wir sind uns selbst immer der Nächste, mit dem wir ständig beisammen sind, und hier muß der erste Schritt getan werden. Zufriedenheit ist eine Grundlage, auf der sich Liebende Güte entwickeln kann. Sie ist eine der fünfzehn notwendigen Eigenschaften, um lieben zu können, die der Buddha in der Lehrrede über die Liebende Güte aufgezählt hat. Je weniger zufrieden wir sind, desto weniger können wir uns selbst und andere lieben. Unzufriedenheit führt zu Ablehnung; sie ist beinahe identisch damit.

Zufriedenheit bezieht sich nicht nur auf die materielle Ebene, sondern auf alles, was mit unserem Leben zu tun hat. Akzeptieren ist mehr als Toleranz, es bedeutet, alles als gleichbedeutend und gleichwertig anzunehmen. Die Dinge sind so, wie sie sind, und erst, wenn wir die Umwelt, uns selbst und andere in dieser Weise anerkennen, können wir anfangen, unsere Existenz auf einer tieferen spirituellen Basis zu untersuchen. Wenn wir weiter unserer Unzufriedenheit Ausdruck geben, können wir uns keiner Situation, keinem Menschen, keinem Gefühl ganz hingeben, denn alles erscheint uns ja verbesserungsbedürftig. Erst wenn wir uns hingeben können, ist es uns möglich, richtig verstehen zu lernen. Dies sind die beiden ersten Eigenschaften, die der Buddha als Grundlage für die Meditation beschrieb.

Als nächstes erwähnte der Buddha, zurückgezogen und nicht inmitten von zu vielen Geschehnissen zu leben. Auch in der Lehrrede des großen Heils *(Mahā Mangala Sutta)* ist ein friedlicher Wohnort als Segen erwähnt. Am Anfang der Meditationspraxis sind wir sehr von äußeren Einflüssen abhängig, so daß ein ruhiger Platz, an den wir uns zurückziehen können, äußerst wichtig ist. Wenn wir meditieren wollen, muß unser Geist sich zunächst beruhigen und aufhören zu denken. Wenn zu viele Sinneseindrücke auf uns einströmen, ist es schwierig, nicht darauf zu reagieren.

Sich abseits von der Gesellschaft aufzuhalten, ist also die dritte der wünschenswerten Eigenschaften. Der Buddha hat häufig erwähnt, mit welcher Art von Menschen wir Umgang pflegen sollten. Wir sollen nicht mit törichten Menschen, sondern mit Weisen zusammensein, was er als großen Segen bezeichnet hat. Noble Freunde hat er als das wichtigste Heilmittel für unsere Schwierigkeiten erklärt. Ein guter Freund sei das ganze spirituelle Leben, wurde vom Buddha ausgesagt. In diesem Sinne muß ein guter Freund ein spiritueller Freund sein, der schon einige Schritte voraus ist und uns den Weg zeigen kann. Auf Pali heißt der gute Freund *Kalyāna-mitta*, und oft versteht man darunter den Meditationslehrer. Wir sollten mit Menschen verkehren, denen wir wirklich vertrauen können, die nicht nur Freunde sind, wenn es uns gut geht, solche, bei denen wir tiefe Ehrlichkeit und enge Verbundenheit verspüren. Wenn wir ein geselliges Leben pflegen, kommen wir mit vielen verschiedenen Menschen zusammen, denen wir uns anpassen müssen. Dies ist schädlich für den spirituellen Pfad, denn wem passen wir uns hier an? Doch nur der Welt, ihren Gepflogenheiten, ihren Vergnügungen und illusorischen Werturteilen. Wenn wir aber bereits wissen, daß das endgültige Glück nicht in der Welt zu finden ist, dann können uns diese Anpassungsmanöver auf Dauer auch nicht zufriedenstellen. Eine große Erleichterung auf dem spirituellen Pfad kann das häufige Erleben von Situationen sein, in denen unsere Innenerfahrungen zählen und wir die Außenwelt nur als Spiegelbild erkennen.

Energie ist die nächste vom Buddha erwähnte wünschenswerte Eigenschaft. Energie ist einer der sieben Erleuchtungsfaktoren und das Gegenstück zum Hindernis der Trägheit und Lässigkeit. Ohne Energie können wir nicht meditieren oder die Lehre in uns aufnehmen. Beide stellen Ansprüche an den Geist, denen er nicht nachkommen kann, wenn er müde und schlaff ist. Der Buddha hat die Menschen, die die Lehre hören, mit Tontöpfen verglichen. Der erste Tontopf hat Löcher am Boden; das hineingegossene Wasser läuft unten wieder hinaus. Solche Menschen hören mit einem Ohr zu und vergessen das Gehörte sofort. Dann gibt es Tontöpfe mit Rissen; das hineingegossene Wasser sickert hinaus. Solche Menschen hören die Lehre wohl, vergessen aber bald alles wieder. Dann gibt es Tontöpfe, die bis oben hin voll mit Wasser sind, und frisches Wasser kann nicht zugegossen werden. Damit meint der Buddha Menschen, die so sehr mit ihren eigenen Meinungen angefüllt sind, daß sie nichts Neues mehr aufnehmen können. Es gibt natürlich auch leere Tontöpfe ohne Löcher und Risse. Ich hoffe, daß wir alle leere Töpfe ohne Löcher und Risse sind.

Energie ist vor allem eine geistige Eigenschaft, die sich aber auch auf den Körper auswirkt. Wenn der Geist ohne Energie ist, so ist es der Körper ebenso. Dann werden wir zu seltsamen Zeiten todmüde, ohne überhaupt etwas getan zu haben, und abends sind wir so erschöpft, als hätten wir körperlich schwer gearbeitet. Obwohl das nicht der Fall ist, hat der Geist ständig gedacht, beurteilt und verurteilt, gewollt oder abgelehnt, so daß er natürlich erschlafft und ermüdet ist. Wir können viel geistige Energie sparen, wenn wir sie nur dann einsetzen, wenn sich die Anstrengung lohnt. Ferner hilft es, Achtsamkeit im täglichen Leben walten zu lassen und in der Meditation zur Ruhe zu kommen. Meditative Ruhe bringt neue Energie, die der Geist braucht, um die klare und ungetrübte Wahrheit erkennen zu können. Auf der anderen Seite beansprucht die Meditation aber auch solange Energie, bis wir tiefe Ruhe erleben können, die uns dann erfrischt und neu belebt. Unsere anfänglichen Konzentrationsversuche erfordern natürlich einen großen Energieaufwand und lassen den Geist ermüden. Wir müssen mit unserer Energie haushalten, um die besten Resultate zu erzielen. Dazu gehört das noble Schweigen und immer wieder der Versuch, nicht diskursiv zu denken, sondern stattdessen achtsam den Tag zu verbringen. Wir können jede Körperbewegung, jede Handlung, jedes Gefühl beobachten und uns völlig darauf konzentrieren. Auch unser Denken können wir als Beobachter achtsam betrachten. In dem Moment, wo wir uns selbst beobachten, sind wir nicht mehr der Denker, was uns bei der Meditation sehr hilfreich sein wird.

Wir können den Körper sehen und berühren, und daher ist er das Deutlichste und Einfachste, was wir beobachten können. In der Meditation ist es der Atem, der uns die Körperbetrachtung veranschaulicht; im Tagesablauf sind es unsere Bewegungen und Handlungen, die wir achtsam beobachten können. Sollte ein starkes Gefühl aufkommen, so wenden wir unsere Konzentration den Gefühl zu und können so die darauffolgende Reaktion vermeiden. Wenn es schon zu spät und die Reaktion bereits erfolgt ist, dann betrachten wir die Reaktion. Dadurch lernen wir, ein interessierter, objektiver Beobachter zu werden. Keinen anderen kann es auch nur annähernd so sehr interessieren wie uns selbst, was sich in uns abspielt.

Wenn Achtsamkeit unser ständiger Begleiter ist, hat unsere Meditation die besten Vorbedingungen, und der Energieaufwand des ständigen Denkens, Überlegens, Planens und Hoffens wird überflüssig. Ein energievoller Geist kann sich mühelos überall hinbewegen, genau wie ein energievoller Körper ohne Schwierigkeiten seine Haltung ändern kann, wogegen ein schlaffer Körper vielleicht Mühe hat, sich aufrechtzuhalten. Daher gibt der Buddha diesen Eigenschaften einen prominenten Platz in seiner Lehre: wenig Wünsche haben, Zufriedenheit, ohne Geselligkeit leben und voll Energie sein.

Detlef-Ingo Lauf

LEBEN, KARMA, TOD UND WIEDERGEBURT

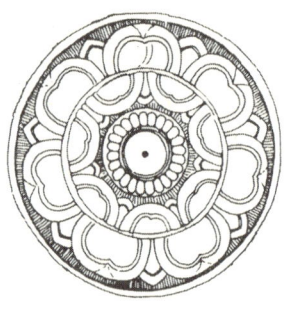

Das Leben ist nur ein anderer Tod.
Des Lebens Geburt, nicht Ende, ist der Tod.

Fr. Hebbel: Tagebücher

Das einleitende Zitat von Hebbel eröffnet uns vielleicht
am besten den Zugang zum asiatischen Denken im allgemeinen und zur Lehre des Buddhismus im besonderen.
Wir erwähnten schon vorher, daß die tibetischen Totenbücher nicht nur Fragen nach dem Sterben und dem Wandel im Bar-do zu beantworten versuchen, sondern daß sie
vielmehr die Kenntnis des ganzen Lebensweges und der
buddhistischen Erlösungslehre zugleich voraussetzen und
diese daher auch in ihren Texten noch einmal in Form
eines in sich geschlossenen Kompendiums vermitteln.

Auf eine kurze Formel gebracht, bedeutet dies auch:
Leben, Lebenserkenntnis und richtiger Lebenswandel sind
die eigentlichen Voraussetzungen für das Lernen des rich-

tigen Sterbens und für die Möglichkeiten, noch über den Tod hinaus den Weg des Schicksals zu bestimmen. Genau diese Aufgabe versucht das tibetische Totenbuch zu lösen. Wenn wir hier auch keinen vollständigen Abriß der buddhistischen Lehren geben können, die in der Folge des Buches aus Text und erklärenden Anmerkungen immer wieder zu Worte kommen werden, so müssen doch einige typische Gedanken skizziert werden, die zum eigentlichen Kern der buddhistischen Geisteswelt gehören. Denn nur auf diesen Grundlagen ist der Sinn und die Aufgabenstellung der tibetischen Schriften vom Bar-do zu verstehen.

Leben in jeder Daseinsform wird vom Buddhismus als unantastbares Gut betrachtet, das nicht absichtlich in Leiden gestürzt oder gar zerstört werden darf. Das Leben in menschlicher Gestalt aber ist »eine schwer zu erringende Kostbarkeit«, da nur der Mensch kraft seines denkenden und unterscheidenden Bewußtseins in der Lage ist, Lebensvorgänge und Daseinsbedingungen aus eigener Anschauung und Erfahrung wirklich zu beeinflussen und zu lenken. Der große tibetische Gelehrte sGam-po-pa (1079–1153) gibt in seinen 28 Anweisungen für Yogis die folgenden Ermahnungen zu bedenken:

»Wenn man diesen schwer zu erlangenden menschlichen Körper, den reinen, erlangt hat, wäre es ein Grund zum Bedauern, als unreligiöser und gewöhnlicher Mensch zu sterben.

Da das menschliche Leben im Kali-Yuga (d.h. dem heutigen Zeitalter der Dunkelheit durch Nichtwissen) kurz und ungewiß ist, wäre es Grund zum Bedauern, es durch bedeutungsloses Tun zu verschwenden.

Da der eigene Geist von der ungeschaffenen Selbstnatur des Dharmakâya ist, wäre es Grund zum Bedauern, wenn er in den Sumpf weltlicher Illusionen abgleiten würde.«

Der Buddhismus stellt also Leben und Dasein in den unbedingten Mittelpunkt der Sinngebung. Die Frage nach dem Woher und Wohin des menschlichen Lebens wird sekundär im Angesicht des irdischen Daseins und seiner Meisterung. Wird das Jetzt und Hier des einmal als Mensch geborenen Wesens als Daseinsproblem gelöst, so besteht keine Furcht vor der Zukunft, und es bieten sich Wege der Lösung und Erlösung an. Buddha durchschaute das Leben und die Vorgänge des Daseins mit einer praktischen und absolut wirklichkeitsbezogenen Erkenntnismethode, daher sein wichtiger Lehrsatz: Alles Leben im Dasein ist letzthin Leiden, der Gegensatz von Freiheit und Erlösung. Zwischen Leiden, der Erkenntnis seiner Ursachen und der Überwindung von Leiden hin zur Befreiung ist freilich ein langer Weg. Leiden ist jede Form des Erleidens von Gegensätzen im Anblick einer Erkenntnis eines Absoluten und Unbeschreiblichen, im Anblick eines Todlosen, das Nirvâna genannt wird. Leiden ist »von Liebem getrennt sein und mit Unliebsamem verbunden sein«. Leiden ist das Erlebnis von Liebe (oder Begehren, p. tanhâ, tib. 'Dodchags) und Haß (p. dosa, tib. Zhe-sdang). Beide Zustände des Bewußtseins sind der Zeit in der Welt der Vergänglichkeit unterworfen, an ihrem Verschwinden oder Kommen leiden wir. Leiden ist aber auch der Kreislauf von Geburt, Leben und Tod in einer an Hindernissen und vergänglichen Freuden reichen Daseinswelt (skr. samsâra, tib. 'Khor-ba). Solange der Mensch in der Welt und an den Umständen eben dieser Welt und seines Verhaltens leidet, ist er nicht erlöst, befindet er sich in Unwissenheit (skr. avidyâ, tib. gTi-mug). Unwissenheit aber erscheint durch Begehren, das heißt durch die dauernde Bindung an die weltlichen Dinge und Abläufe, an die eigene, falsch verstandene Persönlichkeit, die sich durch Identifikation mit der vergänglichen Daseinswelt an den dann unvermeidlichen Rhythmus von Werden und Vergehen bindet. Alles, was entsteht und vergeht, ist von relativem Wert, Gegenstand unserer Illusionen, die nicht erfüllt werden können. Bindung ist der Gegensatz von Befreiung. Alles Handeln, das die Einbindung und Fesselung in den Samsâra vertieft, entfernt sich vom Ziel der Erlösung und führt zu Leiden und solchen Taten, die nach dem Gesetz des Karma schlecht oder negativ sind. Eine moralische Wertung ist damit nicht verbunden.

Alles Handeln aber, das die Bindungen an die vergängliche Daseinswelt löst, ist auf Befreiung gerichtet, führt zu guten oder positiven Taten, die aus dem Kreislauf des Samsâra herausführen. Karma bedeutet als Gesetz die Bedingtheit unseres Handelns und die absolute Auswirkung dieses Tuns auf den jetzigen und zukünftigen Weg unseres Daseins. Das Gesetz vom Karma stellt den Menschen in die unbedingte Selbstverantwortung seines Handelns, denn eine jede Tat und schon jeder im Geiste gefaßte Entschluß hat eine unvermeidliche sichtbare oder unsichtbare Folge. Nach buddhistischer Auffassung steht der Mensch im Kreislauf von Geburt und Tod solange, bis vollkommene Erkenntnis diesem ein Ende setzt. Wiedergeburt ist Folge eines im bisherigen Leben nicht erreichten Zustandes von Erlösung. Jedes Leben ist die Folge von Auswirkungen eines Karma, das sich aus Handlungen in Bindung an die Welt gebildet hat.

Die Wiedergeburt ist kein persönliches Ereignis, bei der die gleiche Ichperson wiedererstehen würde, die zuvor existiert hat. Der Buddhismus lehnt den Begriff Seele und eine beständige Ichpersönlichkeit als solches ab. Die durch das Karma festgelegten Voraussetzungen, sozusagen der energetische Anstoß in einer bestimmten Richtung, sind Grundlage und Anlaß für ein weiteres Leben im Kreislauf der Existenzen von einem Leben zum anderen. Es kann also auf einer niederen oder einer höheren Ebene der Entwicklung stattfinden, unter verbesserten oder verschlechterten Voraussetzungen in bezug auf Erlösung, aufgrund der geschaffenen karmischen Tatsachen. So ist das unausweichliche und unbestechliche Lebensgesetz der Weg, den der Mensch gestalten kann, vorausgesetzt, er begreift durch Erkennen die Tragweite seines Handelns und damit den Sinn des Lebens, das zur Freiheit führen sollte. Der tibetische Yogi und Mystiker Mi-la ras-pa (1040–1123) sagt in seinen »Hunderttausend Gesängen« über die Wirkung des Karma: »Weißt du nicht, daß alle Leiden und die niederen Welten das Ergebnis schlechter Taten sind? Sicher kannst du wissen, daß, wenn du jetzt Tugenden übst, du beim nahenden Tod Geistesfrieden und keinen Kummer haben wirst.«

Die buddhistischen Lehren versuchen, den Menschen zu der Einsicht zu bringen, daß nicht die gegenständliche Welt an sich das Übel darstellt, sondern die ständige Identifikation mit ihr durch Begehren. Gemessen an dem Ziel des leidlosen Nirvâna, das absolute Befreiung in zeitloser Ewigkeit ist, muß natürlich alles Irdische und Gewordene als unwirklich bezeichnet werden. Der uns so erscheinende Zustand einer Realität ist nur ein scheinbarer, weil vergänglich und von wechselnder Form. Wenn der menschliche Geist sich an das Unbeständige hält und dieses für wirklich erachtet, wird er eben an dieser Unbeständigkeit seine Leidenserfahrungen machen müssen. Mi-la ras-pa beschrieb es so: »Wenn gewohnheitsmäßiges Denken sich tief verwurzelt, führt es zu guten und schlechten Taten und schafft somit den Bar-do der Leidenswelt, in dem man gezwungen ist, Freuden und Leiden zu erleben.«

Auch das Leben ist ein Zwischenzustand, nämlich jener zwischen der irdischen Geburt und dem Tod. So reiht sich ein Bar-do an den anderen in dieser irdischen wie in der jenseitigen Welt. So wie aber die stoffliche Daseinswelt der Vergänglichkeit unterworfen ist, so natürlich auch der Mensch in seiner physischen Gestalt. Das tibetische Totenbuch folgt der alten buddhistischen Vorstellung von der fünffach zusammengesetzten Funktion der menschlichen Persönlichkeit und bildet in seinen Meditationen hierüber eine systematische Psychologie, die zur Grundstruktur aller Mandalas des Mahâyâna-Buddhismus geworden ist. Die fünf Gruppen (skr. upâdânaskandha, tib. Phung-po lnga) der Persönlichkeit sind der Körper als physische Gestalt (skr. rûpa), die Empfindung (skr. vedanâ), die Wahrnehmung (skr. samjñâ), die Geistesregungen (skr. samskâra) und das Bewußtsein (skr. vijñâna). Alle diese fünf Gruppen wirken ineinander und bilden so das, was wir die menschliche Persönlichkeit nennen oder als Gegenwart des Individuums in der Welt empfinden. Alles dies ist vergänglich und nicht das erstrebte Absolute, denn alles, was entsteht, ist dem Vergehen unterworfen. Der ganze Lebensprozeß überhaupt, einschließlich des Denkens als ständige Bewegung des Bewußtseins, wird als ein permanentes Fließen bezeichnet. Nichts hat wirkliche Dauer, alles ist mit jedem Augenblick im Vergehen begriffen oder bereits dem neuen Werden zugeordnet. Nicht statisch ist das Leben, sondern dynamisch, alle Momente des Daseins sind Zwischenzustände, Stationen zwischen zwei verschiedenen Zustandsformen auf dem Wege der Wandlung. Das Wandelbare der ganzen empirischen Welt zu erkennen, bedeutet, ihre trügerische Unwesentlichkeit zu sehen. Damit eröffnet sich der Zugang zum Unveränderlichen, zur Wirklichkeit des Todlosen, das mit dem Wissen des Vollendeten und Befreiten identisch ist. Der Mahâyâna-Buddhismus, Grundlage auch der Lehren vom Bar-do, hat jedoch schon sehr früh jene Terminologie eingeführt, mit der das Werden von Bildern und visionär durch Geisteskonzentration zu erlebenden Buddhas besser verständlich werden kann. Besonders die Frage über den Wandel nach dem Tode ließ sich mit einer Vorstellung von einem permanenten Bewußtseinsgrund besser darstellen.

Der erste Begriff ist die »Leerheit« (skr. sûnyatâ, tib. sTong-pa-nyid) als Urgrund und verbindende Gemeinsamkeit von Samsâra und Nirvâna. Die empirische Welt ist im Grunde leer, weil nichts Bestand hat und wesentlich ist;

Nirvâna ist leer, da es in seiner umfassenden Eigenschaft durch nichts beschrieben oder treffend bezeichnet werden kann. So hat der Begriff Leerheit je nach Daseinslage in der Welt einen negativen und in der Transzendenz einen positiven Wert. Die Vijñânavâda- oder Yogâcâra-Schule des indischen Mahâyâna setzte als absolute Grundlage der Welt und des Nirvâna das »Grundbewußtsein« oder auch universales Bewußtsein (skr. âlayavijñâna, tib. Kun-gzhi rnam-shes) voraus. Wir finden den Gedanken schon im Udâna: Im Bewußtsein steht das All.

Alles Leiden am Erleben der scheinbar realen Welt geschieht durch Wahrnehmung in unserem Bewußtsein. Aber auch Nirvâna, die vollkommene Erlösung, ist ein Zustand im Bewußtsein, nämlich als Leerheit und Leidfreiheit ohne die Prozesse des fluktuierenden Denkens. Wenn alle Denkinhalte und Geistestätigkeiten enden, die gewöhnlich aus der empirischen Welt durch Wahrnehmung in das Bewußtsein treten, dann beginnt die Stille und absolute Tiefe und Unendlichkeit des Grundbewußtseins. Dies zu erreichen, ist ja eines der wesentlichen Ziele aller meditativen Übungen. Nirvâna ist absolute Freiheit von der Welt und von den Manifestationen (den samskâras) aus dem âlayavijñâna; Samsâra ist jeder Schritt vom Grundbewußtsein fort nach außen in die Welt der Erscheinungen, also auch in die Gedankenwelt, die sich aus dem Grundbewußtsein in Gedankenwellen erhebt.

Was nun im Leben an Karma angehäuft wurde, fällt als in einer bestimmten Weise karmisch oder energetisch geladener Same (skr. bîja) in das Grundbewußtsein zurück, in jene umfassende Bewußtseinsessenz, aus deren Urgrund die Wesen wieder inkarnieren, wenn die Reifung des Karma zur neuen Manifestation drängt. Nicht der vorher existierende physische Mensch als Bildung aus den fünf Skandhas (Gruppen) erscheint je wieder als eine Inkarnation, sondern sein Karma, die Folge der begonnenen und noch nicht ausgewirkten Taten. In etwas mehr konkretisierter Form wird dieser Gedanke nun Grundlage der Lehren des tibetischen Totenbuches; dort nennt man das, was den physischen Tod überdauert, das Bewußtseinsprinzip (tib. Yid, skr. citta oder manas), und dieses hat durch sein Karma die Kraft, sich zu einem feinstofflichen Bewußtseinskörper (tib. Yid-kyi lus, skr. manomayakâya) zu formen. Dieser feinstoffliche Körper ist es, der im Zwischenzustand des Bar-do im Mittelpunkt des Wandlungsgeschehens steht, und um dessen Führung bemühen sich die Mönche, welche die Rituale der Totenbücher verlesen. Wie wir noch sehen werden, ist diese genaue und ununterbrochen konzentrierte Führung des Bewußtseinsprinzips des Verstorbenen so deutlich und real, als werde in der Tat eine persönliche Zwiesprache zwischen den Lamas und dem Toten ausgeführt.

Nur diese phänomenologische Evidenz erlaubt es uns, einmal in eine westliche Terminologie zu verfallen und von einer »Seelenführung« nach dem Tode zu sprechen. Wir erwähnen diesen Begriff hier nur, um mit ihm die Möglichkeiten der Verwandtschaft in der Technik zu zeigen, die wir auch in anderen Religionen kennen und dort mit Recht als Seelenführung bezeichnen können.

Schließen wir noch einige Gedanken über Leben und Tod und die in dieser Spanne mögliche Vollendung an. Leben setzt Tod voraus, und nach dem Tode kommt wieder Leben. Aber nur in jeder einzelnen, individuellen Spanne des Daseins zwischen Leben und Tod kann das Gesetz der Individuation vollendet werden, indem das Leben mit Sinn erfüllt wird. Im Buddhismus liegt diese Vollendung in der Befreiung vom Leiden durch Vollendung der menschlichen Daseinsmöglichkeiten und Tugenden, mit denen die Welt noch in diesem Dasein schrittweise überwunden wird. Damit verhält sich der buddhistische Weg (mit anderer Orientierung natürlich auch manch anderer echte philosophische oder religiös begründete Heilsweg) durchaus konform mit der seelischen Entwicklung und der physischen Reifung des Menschen. Ist einmal der Schritt in diese Welt getan, muß es auch einen Weg geben, wieder herauszukommen, nachdem das Gesetz der Natur dieses keinem erläßt. Wer sich und die Welt aus Unwissenheit nicht gründlich kennengelernt hat, muß an ihr verzweifeln und kann den letzten Schritt über den Tod hinaus nicht anerkennen. Im Anguttara Nikâya fnden wir folgende Ausführung:

>>Herr, ist es möglich, durch Wandern das Ende der Welt zu erkennen, zu erschauen, zu erreichen, wo keine Geburt, kein Altern, kein Sterben, kein Vergehen und kein Entstehen ist?...<<
>>Durch Wandern ist das Ende der Welt niemals zu erreichen, und doch gibt es, wenn man das Ende der Welt nicht erreicht hat, keine Befreiung vom Leiden.<<

Dieses Ende der Welt ist also jetzt zu finden, Anfang und Ende aller Dinge, aller Entschlüsse, des Denkens und der Handlungen liegen in uns selbst beschlossen. Das Leiden zu überwinden und Freiheit in der Welt von der Welt zu erlangen, bedeutet eben, >>das Ende der Welt erreichen<<. Wieviele Möglichkeiten in jeder nur denkbaren Richtung sind in diesen Worten enthalten, das Leben in menschlicher Gestalt ist die große Chance, zu sein und sich darin zu vollenden. Damit läßt sich eine Reihe von Lebensproblemen ohne jegliche Leidenschaften bewältigen, die ja gerade die Ursache der weiteren Leidensentstehung sind. Eine andere sehr heilsame Meditation zum Verständnis des Todesproblems liefert uns Buddhaghosa. Wer die Betrachtung über den Tod zu entfalten wünscht, begebe sich in die Einsamkeit, und abgeschieden stelle er in gründlicher Weise die Erwägung an: >>Einst wird kommen der Tod, die Lebenskraft wird versiegen<<. Mit solchen Erwägungen soll man Achtsamkeit, Ergriffenheit und Einsicht anspornen, denn nur so wird die Hemmung gegenüber den Vorstellungen vom Tode genommen, und so wird ihm »die Vorstellung der Vergänglichkeit vertraut, und während er diese noch weiter verfolgt, wird ihm die Vorstellung des Leidens und der Ichlosigkeit gewärtig«.

Wer also durch solche Übungen nicht vorbereitet ist, wird in seiner letzten Stunde »von Angst und Schrecken« gepeinigt, genau von jenen Gefahren aus Unwissenheit über sich selbst, die ihm den Zugang zu einem ungetrübten und befreiten Bewußtsein versperren. Das ist die gleiche Situation wie in den Texten des tibetischen Totenbuches. Angst und Schrecken führen im Bar-do zu den Erfahrungen der zornvollen Gottheiten als Abbild der im Widerstreit stehenden karmischen Kräfte, die das unerlöste Leben noch in der letzten Stunde vor dem Tode beherrschten und die große Furcht vor dem Ungewissen erzeugten. Mit dem Gedanken an Vergänglichkeit, Leiden und Tod im Leben soll ja gerade die andere Erkenntnis erreicht werden, nämlich das Wissen vom Absoluten und Transzendenten. Das ist eine durchaus positive Einstellung zum Leben, um das Wesentliche zu schätzen und in Führung zu bringen. Darum stellt Buddhaghosa fest: Wer schon »zu Lebzeiten das Todlose erreichen« kann, es zumindest strebend versucht hat, der gelangt »beim Zerfall des Leibes auf eine glücklichere Daseinsfährte«. Das heißt, seine Wiedergeburt findet unter besseren Bedingungen auf einer höheren Ebene statt.

Wie schon dieser alte Text vernehmen läßt, ist die Frage über den zukünftigen Wandel nach dem Tode von großer Bedeutung. Das tibetische Totenbuch lehrt den Verstorbenen, den Weg durch den Bar-do zu finden, und geht damit von der in Tibet allbekannten Voraussetzung aus, daß eine Wiedergeburt des Bewußtseinsprinzips stattfinden wird. Die durch das Karma vorgegebene Bedingung des Bewußtseins formt den Bewußtseins- oder Geistkörper (tib. Yid-kyi lus), der durch alle Erfahrungen der Nachtodwelten schreitet, die im jenseitigen Bereich seinem Karma entsprechend wirksam werden Es ist für den Tibeter außerordentlich wichtig, daß sich der Mensch schon zeitig im irdischen und vollbewußten Leben alles Wissen aneigne, das er als Leitlinie im Bar-do immer vor dem geistigen Auge haben sollte. Nach einem bedeutenden Text aus der »sNying-thig«-Überlieferung gibt es ein sechsfaches Wissen für den Weg durch das Zwischenreich des Bar-do:

1 Das Wissen vom früheren (d. h. vorherigen) Geburtsort oder Daseinsbereich (tib. sNgon-gyi skye-gnas shes-pa).

2 Das Wissen vom Sterben, vom Hinübergang des Bewußtseins und von der (erneuten) Wiedergeburt (tib. 'Chi-'pho dang skye-ba).

3 Das Wissen vom transzendierenden Geist (tib. Pharol-gyi sems).

4 Das Wissen von allen verborgenen (im nicht sichtbaren Bereich stattfindenden) Erscheinungen (tib. sKang-ba lkog-tu-gyur-ba).

5 Das Wissen, die sechs Daseinsbereiche (der Wiedergeburten) zu sehen (tib. Rigs-drug-gi gnas mthong-zhing).

6 Das vollendete Wissen von allen befreienden (reinigenden) Fähigkeiten (tib. dBang-po-rnams).

Damit sind eine Reihe von höchst subtilen Kenntnissen genannt worden, die sich alle darauf beziehen, wie der Weg durch die Gefahren des Bar-do bewußt begangen werden kann. Sie sollen es ermöglichen, daß der Geistkörper des Verstorbenen sich selbst noch im Jenseits zu orientieren und zu führen versteht, das heißt, sich wieder jener Lehren aus dem Leben bewußt wird. Diese Dinge sind also im Leben zu lernen, damit sie im Nachtod-Leben nützlich sind. Darum gemahnt der das Totenbuch verlesende Mönch das im Bar-do irrende Bewußtseinswesen, sich an diese Fähigkeiten zu erinnern. Zum Grundverständnis

über das Wesen der Inkarnation und die dreifache Seins-
ebene der Menschen und der Buddhas müssen wir die
Lehre von den »drei Körpern« (skr. trikâya, tib. sKu-
gsum) kennenlernen. Ohne diese für den Mahâyâna-Buddhismus fundamentale Lehre könnten die Initiationen in
die Mandalas der Gottheiten des tibetischen Totenbuches
nicht recht verstanden werden.

Versuche dir vorzustellen, was du warst, bevor du
geboren wurdest, und was du sein wirst, nachdem
du gestorben bist. Dann kommen unzählige Gedanken zur
Ruhe, und dein gesamtes Wesen wird still. So kannst du
die Dinge unmittelbar transzendieren und in einem
Zustand jenseits der Manifestation leben.

Huanchu Daoren

Toni Packer

MITEINANDER LEBEN

*Können wir Menschen auf dieser
Erde unser Leben miteinander
leben, ohne einander besitzen oder
loswerden zu wollen?*

Wir Menschen möchten im Leben glücklich und sicher
sein, lieben und geliebt werden, aber obwohl wir uns ständig darum bemühen, wissen wir im Grunde nicht, wie sich
das verwirklichen läßt.

Glück und Sicherheit sind das, woran wir denken,
wovon wir träumen, worüber wir sprechen. Wir sprechen
und träumen auch von Liebe; wir machen uns Vorstellungen von ihr, wir sehnen uns nach ihr, wir beten, daß sie
uns geschenkt werde, wir versprechen sie uns gegenseitig
und wir sind unermüdlich auf der Suche nach ihr. Aber
Glück, Sicherheit und Liebe sind, wenn sie echt sind, kein
Ergebnis von irgend etwas. Sie können nicht gemacht werden. Sie können nicht besessen werden. Und wenn sie
Träume und Vorstellungen sind, dann sind sie nicht echt.
Sie erscheinen, ohne gerufen zu sein, wenn das Bewußtsein

still und offen ist, wenn es frei ist von den widersprüchlichen Interessen des Ich. Sie erscheinen unerwartet, wenn man nichts will, wenn man ohne Verlangen und Angst ist.

Wir fragen uns: »Warum sind wir unglücklich, unsicher und ohne Liebe?«

Können wir einfach fragen und beobachten, unvoreingenommen und sensibel, wie wir im Zusammenleben in jedem Augenblick sind, sei es zu Hause, bei der Arbeit oder wo auch immer? Kann ein ganz neues Fragen, Entdecken, Verstehen und füreinander Sorgen beginnen? Dieses Entdecken, Verstehen und die Sorge füreinander kommen nicht aus einem Denken, das in fixe Ideen über sich und andere eingeschlossen ist. Kann es im Zusammenleben Offenheit und echtes Interesse für das, was in *diesem* Augenblick in uns beiden geschieht, geben, sei es Begehren oder Sehnsucht, Vorurteil oder Angst, Zärtlichkeit oder Spannung, Ärger oder Vergnügen, Mißverständnis, Einsamkeit, Ablehnung, Blockierung, ein Gefühl von Isoliertheit oder was auch immer?

Kann da ein zunehmendes Interesse sein, direkt zu untersuchen, was uns alle bewegt und treibt, bewußt und unbewußt? Können wir unmittelbar wahrnehmen, was in unserem Inneren und zwischen uns allen abläuft – nicht nur oberflächlich?

Ist es möglich, immer wieder aufs neue in frischer und inniger Fühlung zu sein mit all den komplizierten Gedanken und Emotionen in uns selbst und »den anderen« und nichts als schlecht oder gut zu bezeichnen? Keine Bezeichnungen! Nehmen wir wahr, wie unheimlich schnell wir etwas bewerten? Kann das gesehen werden, ohne daß verurteilt oder akzeptiert wird?

Zwei Menschen, die zusammenleben: Können wir einander jeden neuen Tag frisch begegnen, ohne an der Erinnerung festzuhalten, was gestern, vor Jahren oder vorhin geschehen ist?

Jeder Augenblick des Lebens ist neu und frisch. Können wir diese Wahrheit wirklich begreifen und so leben oder stecken wir für immer in dieser Endlosfolge von angenehmen und unangenehmen Erinnerungen fest? Aber ja, wir können diesen Ballast abwerfen! Kann es in diesem Augenblick geschehen, oder möchten wir immer und immer weiterträumen?

Können wir miteinander ohne den störenden Einfluß alter Bilder sein, obgleich wir ein ganzes Leben lang Bilder von uns und voneinander gesammelt haben? Ist es uns bewußt, wie diese Bilder unsere Wahrnehmung voneinander verfärben und verzerren? Wie sie uns in diesem Augenblick hindern, überhaupt etwas richtig wahrzunehmen? Wenn wir das wirklich verstanden haben, können wir dann noch einmal vorsichtig, liebevoll hinschauen, als sei es das erste Mal?

Ist es möglich, uns auf eine vollkommen neue Weise anzusehen und zuzuhören, und nicht der alten Gewohnheit folgend, einander nach unseren Wünschen zu korrigieren oder zu verändern? Können wir neu entdecken, was in diesem Augenblick geschieht, und aus der Klarheit, frei von Vorstellungen, darauf eingehen?

Das sind viele Fragen... Liest man schnell über sie hinweg oder hält man inne und fragt sich und schaut das alles an in innerer Stille?

Das Universum ist unermeßlicher Raum. Gibt es da Raum für das, was in diesem Augenblick geschieht, ohne eine sofortige Reaktion? Nur die Stille des Gewahrseins, ohne gleich zu wissen und Fehler zu finden? Sobald der Mechanismus des Fehlerfindens einsetzt, wird das Denken durch Verstimmung und Schuldgefühle eingeengt und verdunkelt, und nichts kann mehr gesehen werden, wie es ist.

Was bedeutet es, einander genau so zu sehen, wie wir sind? Erinnerungen an uns und andere sind *nicht*, was wir jetzt sind. Die Erinnerung ist eine unvollständige und ungenaue Aufzeichnung der Vergangenheit. Das Jetzt ist etwas vollkommen anderes. *Jetzt* still zu schauen und zu hören ist nicht Erinnerung. Es ist eine vollkommen andere Bewußtseinsform. Es ist die Läuterung der Wahrnehmung.

Neulich brauste der kleine Fluß am Zentrum mit viel Getöse bergab, und das schlammige Wasser verbarg seine Tiefen. Heute fließt er ruhig und klar, und man sieht die grünschimmernden Felsplatten auf seinem Grund.

Können wir die Dinge so sehen, wie sie gerade jetzt sind? Ohne zu wünschen, daß sie anders wären? Ohne sie zu ihrem Vorteil oder Nachteil zu vergleichen? Ohne zu wünschen, daß sie für immer so bleiben sollen? Ohne an ihnen festzuhalten und von ihnen abzuhängen? Ohne besitzen zu wollen?

Können wir Menschen auf dieser Erde unser Leben miteinander leben, ohne einander besitzen oder loswerden zu wollen? Die Vorstellung, einander zu besitzen, verleiht uns ein trügerisches Gefühl der Sicherheit. Damit geht gleichzeitig die Furcht einher, das zu verlieren, was wir lieben und woran wir uns gewöhnt haben.

Mit dem Verlust des anderen – real oder eingebildet – kommt der Schmerz des Trauerns, des Gefühls, verlassen und verloren zu sein, und des Selbstbemitleidens. Mit dem Gedanken, den geliebten Menschen an jemand anderen zu verlieren, kommt die Qual der Eifersucht, kommen Wut, Haß und Gewalt. Das kann jeder bestätigen. Wir können uns aneinanderklammern aus Furcht, einander zu verlieren, aber einander zu besitzen, hat nichts mit Liebe zu tun. Besitz kann sowohl Stolz als auch Angst, Abhängigkeit und Kummer verursachen. Liebe kennt keine Angst und keine Abhängigkeit. Sie besitzt nichts und ist unabhängig. Liebe ist ohne Leid.

Wie man die Bäume im Abendhimmel wahrnimmt, ihre Stämme und Zweige glühend im goldenen Licht der sinkenden Sonne, die sanften Laute der Frösche, Insekten und Vögel, ein fernes Flugzeug, das über den Himmel streift, den Duft der Abendluft und die rauschenden Blätter in lebendiger Bewegung – alles schwingt, summt und glitzert miteinander in der Abendbrise; die eilenden Wolken mit ihren ständig wechselnden Formen und Farben, auftauchend und entschwindend im Nichts ... Da ist nichts abseits und nichts behindert ein anderes in dieser vollkommenen Bewegung des Lebendigseins. Da ist Raum für alles, frei zu geschehen, nichts herrscht über ein anderes und doch ist alles untrennbar mit allem verbunden. *Jedes ist alles!*

Diese ganze Wirklichkeit, vielfältig und ungeteilt, bleibt von einem Augenblick zum anderen niemals die gleiche und doch ist jeder Augenblick vollkommen genug, ganz und ohne Widerspruch.

Wir sind von all dem nicht getrennt! Die abgesonderte Bewegung des »Ich« und »mein« gibt es nur in Gedanken, Gefühlen und Erinnerungen.

Die Schönheit dieser Wahrheit zu begreifen, das ist Liebe und Freude und das Ende der Unsicherheit.

David Scott/Tony Doubleday

Drei wesentliche Elemente der Praxis

Großes Vertrauen, großer Zweifel und große Entschlossenheit werden als wesentliche Elemente der Zen-Praxis betrachtet, ganz besonders im Hinblick auf das Koan-Studium. Sie sind die Antriebskräfte für diese Arbeit.

Großer Zweifel

Ein tiefes Gefühl des Zweifels, im Gegensatz zum bloßen Zynismus oder Skeptizismus, wird oft als sehr negative Erfahrung betrachtet, die man negieren oder ignorieren sollte. Gewöhnlich werden wir ermutigt, ein starkes Gefühl dafür zu entwickeln, wer wir sind, was wir tun, weshalb wir es tun, was wir mögen und nicht mögen und so weiter, und wir tun normalerweise einiges, um dieses äußere Erscheinungbild aufrechtzuerhalten. So kann es sein, daß wir unser Leben mit Hilfe einer Persona gestalten, die sich aus einer Ansammlung selten in Frage gestellter Annahmen zusammensetzt, und daß wir Zweifel als selbstzerstörerisches Verhalten oder Schwäche betrachten. Tatsächlich aber weist uns die selbstzerstörerische Kraft des Zweifels auf seinen wahren Wert hin, und die wirkliche »Schwäche« liegt in unserem Bemühen, ihm auszuweichen, ihn zu verdrängen (hinter dem gewöhnlich eine grundlegende Angst vor dem Unbekannten steckt).

Wenn Menschen es zum erstenmal zulassen, ihr Leben in Frage zu stellen, kann der Schock so groß sein, daß sie fürchten, verrückt zu werden. »Und es ist wahr: Wir »verlieren« unseren Verstand! Darum geht es ja überhaupt: uns selbst zu erlauben, über den Verstand hinauszugehen, aufzuhören, nur im Verstand zu sein.« (Genpo Merzel Sensei). Sicher fühlt sich »Gewißheit« zunächst angenehmer an, weil sie uns ein Gefühl der Sicherheit vorgaukelt. Aber sie wird unweigerlich mit der Zeit abgestanden und leblos, während der Zweifel die Chance für Veränderung und Wachstum in sich trägt. Schließlich war es der Zweifel am Sinn des Lebens, an der Bedeutung des Lebens angesichts der Vergänglichkeit, der Shakyamuni dazu trieb, seines Vaters Palast zu verlassen und ein wandernder Bettelmönch zu werden.

Dogen Zenji betonte:

Die Vergänglichkeit ist die wahre Realität, die sich vor unseren Augen abspielt. Wir brauchen nicht auf die Lehren anderer zu warten, auf Beweise aus irgendeiner religiösen Schrift oder auf irgendein Prinzip. Am Morgen geboren, am Abend gestorben; ein Mensch, den wir gestern noch gesehen haben, ist heute nicht mehr da – das sind die Fakten, die wir mit eigenen Augen sehen und mit eigenen Ohren hören. Das sehen und hören wir von anderen. Wenn wir es auf unseren eigenen Körper beziehen und über die Realität aller Dinge nachdenken, dann werden wir – auch wenn wir vielleicht erwarten, siebzig oder achtzig Jahre lang zu leben – sterben, wenn wir sterben müssen.

Wir haben gesehen, wie das Akzeptieren dieser Tatsache Shakyamuni in tiefe Zweifel am Wert des Lebens, das er geführt hatte, stürzte. Das Koan, mit dem er gezwungenermaßen ringen mußte, ist vielleicht das grundlegendste von allen: »Was ist der Sinn des Lebens angesichts unweigerlicher Tatsachen wie Krankheit, Alter und Tod?« Dogen Zenji nannte dies die »große Frage«. In dem Maße, in dem wir Zweifel verdrängen und auf vermeintlichen Sicherheiten bestehen, schneiden wir uns von der Realität der Vergänglichkeit ab und vermeiden auf diese Weise »religiöse« oder »philosophische« Fragen.

Im Zen-Training geht es nicht um das Auflösen von Zweifeln durch die Formulierung intellektueller Antworten. Es geht vielmehr darum, den Zweifel als unseren natürlichen und ursprünglichen Seinszustand ehrlich anzunehmen. Der koreanische Zen-Meister Seung Sahn Sunim nannte dies das »Ich-weiß-nicht-Bewußtsein«. Wir haben darauf hingewiesen, daß die Gewißheit des Buddhismus eine »sokratische« ist – Bodhidharma wußte, daß er nicht wußte, wer er war. Die Zen-Praxis erfordert, daß wir uns der Unsicherheit jedes neuen Augenblicks bedingungslos hingeben. Ein Koan lautet: »Wenn du dich auf der Spitze eines dreißig Meter hohen Mastes befindest – wie kannst du einen Schritt weiter gehen?« Es geht darum, alles aufzugeben, an das wir uns klammern, um Sicherheit zu haben, und uns dem »Ich-weiß-nicht-Bewußtsein« anzuvertrauen; aber wir müssen es unablässig tun. So geschieht es, daß – obwohl wir vielleicht akzeptieren, daß wir nicht wissen, wer wir sind, noch, ob wir überhaupt als getrennte Wesen existieren – irgend etwas fühlt, hört, spricht und sieht. Daher ermahnt uns Dogen Zenji:

Es gibt keine Möglichkeit, es zu begreifen. Das sage ich euch. Öffnet eure Hände. Laßt einfach alles los und seht, was geschieht. Was sind Körper und Geist? Was sind die alltäglichen Aktivitäten? Was sind Leben und

Tod? Was sind letzten Endes Berge und Flüsse, die große Erde, Menschen, Tiere und Behausungen? Schaut euch all diese Dinge wieder und wieder gründlich an. Indem man das tut, offenbart sich die Dichotomie von Bewegung und Stille als klar und natürlicherweise ungeboren. In diesen Zeiten ist nichts festgelegt. Niemand kann dies vom menschlichen Standpunkt aus begreifen, und viele haben den Blick dafür verloren. Leute, die Zen praktizieren! Ihr werdet diesen ersten Mittelpunkt auf eurem Weg erreichen. Hört selbst dann nicht auf zu praktizieren, wenn ihr am Ende des Weges angekommen seid. Das ist mein Wunsch!

Zweifel ist unbequem für das Ego. Er unterminiert alles: Jobs, Familien, Freundschaften, Eigentum, spirituelle Praxis – ohne Unterschied. Da er uns desillusioniert, ist er aber auch erleuchtend. Bis wir jedoch in der Lage sind, dies zu würdigen, kann er Depression, Verzweiflung und Niedergeschlagenheit hervorrufen. Selbst wenn wir nicht selbstmordgefährdet sind, könnten wir leicht in Versuchung geraten, die Praxis aufzugeben. Shakyamuni machte diese kritische Phase durch, als er sein extremes Asketentum aufgab. Und doch gab er nicht ganz auf. Er hatte genug Vertrauen in sich selbst, um sein Versagen zu akzeptieren, und die Entschlossenheit, seine Zweifel mit dem einzigen ihm verbliebenen Mittel aufzulösen. Er setzte sich still und unbeweglich nieder, wo er gerade war, und begegnete dem Leben, wie es sich in jedem Augenblick manifestierte, so vollständig und ehrlich, wie er konnte. Er praktizierte Za-Zen.

Großes Vertrauen

Wenn wir kein Vertrauen in uns selbst haben, können wir nicht mit dem Zweifel leben. Die Spannung zwischen diesen beiden Polen wird durch entschlossenes Praktizieren sowohl erhöht als auch aufgelöst. Deshalb sagte Dogen Zenji:

> Praktizierende des Weges müssen vor allem Vertrauen in den Weg haben. Jene, die Vertrauen in den Buddha-Weg haben, müssen daran glauben, daß das Selbst von Anfang an auf dem Weg ist; daß sie frei sind von illusionären Wünschen, falscher Sichtweise, Exzessen, Mängeln und Fehlern. Das Entwickeln dieser Art von Vertrauen, das Klären des Weges und die spirituelle Praxis sind die grundlegenden Elemente für das Erlernen des Weges.

Eine Lektion, die ein Zen-Schüler wiederholt lernt, ist die, daß die Ursache für das Festhalten am Ego-Bewußtsein ein Mangel an Vertrauen in das eigene Selbst ist. Jenes Vertrauen, das nötig ist, um auf dem dreißig Meter hohen Mast stehend immer wieder loszulassen und einen Schritt weiter zu gehen. Der mitfühlende Lehrer wird den Schüler ermutigen, das zu tun. Durch die beharrliche Arbeit an einer Sache kann man Vertrauen in sich selbst entwickeln. Während das Verständnis für die Praxis reift, wird dieses Vertrauen allmählich immer unerschütterlicher. Anfangs jedoch, solange wir noch fest daran glauben, daß wir nichts als das Ego-Selbst sind – eingesperrt in unseren Körper und von allem anderen getrennt –, kann unsere Praxis nur auf einem starken Vertrauen in Buddhas Lehre beruhen. Wir müssen Shakyamuni und allen Meistern nach ihm glauben, wenn sie sagen, daß jeder von uns vom anfangslosen Anfang an bereits mit der vollkommenen Weisheit und Liebe der Buddhas ausgestattet ist. Dann können wir fragen: »Wenn das so ist, weshalb kann ich es dann nicht erkennen?« So ist Zen im Hinblick auf Vertrauen eine Religion wie jede andere. Vertrauen in die Lehre ist notwendig. Es geht jedoch nicht um blindes Vertrauen, sondern um ein Vertrauen, das den Schüler ermutigt, Fragen zu stellen.

Große Entschlossenheit

Dogen Zenji sagte, die Sucher auf dem Weg sollten Zen mit der gleichen Vehemenz praktizieren, mit der sie ein Feuer löschen würden, das ihr Haar in Brand gesetzt hat! Das Training muß ernst genommen werden. Eine halbe Stunde dösen auf dem Meditationskissen ist nichts weiter, als eine halbe Stunde dösen. Sicher, während dieser Zeit manifestiert sich der ungeborene Buddha-Geist als ein dösendes, fühlendes Wesen – aber was nützt das, wenn das fühlende Wesen dies nicht erkennen kann? In Japan gibt es eine Tradition, nach der besonders aus Kriegern gute Zen-Schüler wurden. Als sie sich im Mittelalter dem Zen zuwandten, hatten sie keine Schwierigkeiten zu begreifen, daß man mit ganzem Herzen dabei sein muß. Ihr Training spielte sich nicht getrennt vom Rest ihres Lebens ab. Es war eine Schlacht, ein Kampf auf Leben und Tod. Bei den persönlichen Gesprächen lag oft die scharfe Klinge eines Schwertes zwischen Lehrer und Schüler. Der chinesische Weise Mencius sagte:

> Wenn der Himmel einem Menschen eine wichtige Aufgabe übertragen will, so stärkt er erst dessen Herz für diesen Zweck. Er zwingt ihn, seine Knochen und Sehnen zu trainieren; er läßt seinen Körper Hunger leiden; er schickt ihm Mangel und Armut und macht seine Anstrengungen zunichte. Auf diese Weise stärkt er seinen Willen, stählt sein Wesen und befähigt ihn zu Dingen, die er andernfalls nicht erreicht hätte.

Yasutani Roshi betonte, daß – obwohl im Rinzai- wie im Soto-Zen alle drei Elemente eine Rolle spielen – beim

Koan-Studium »der Zweifel der wichtigste Ansporn zum Erreichen von Satori ist, da er uns keine Ruhe läßt«. In der Soto-Praxis, in der Koans nicht üblich sind, tritt das Element des Vertrauens am stärksten hervor: »Wir sitzen hier im unerschütterlichen Vertrauen, daß wir alle von Natur aus Buddhas sind.« In der Soto-Tradition geht es nicht darum, nach Verwirklichung zu streben, sondern sie in sich aufblühen zu lassen. Suzuki Roshi beschrieb es mit dem Bild, daß man bei einem Spaziergang durch den Nebel naß wird. Dogen Zenji sagte, daß zehn von zehn Schülern das Ziel erreichen würden, wenn jeder mit großer Entschlossenheit, Ausschließlichkeit und mit ganzem Herzen praktizierte.

Laß nicht zu, daß dein Geist sich jemals trübt; strapaziere nicht die Gefühle deiner Mitmenschen, verausgabe nicht materielle Ressourcen. Wenn du diese drei Dinge beachtest, kannst du dir eine überlegene Sichtweise erschließen, sinnvolle Lebenskonzepte für die Menschen im allgemeinen entwickeln und Wohlstand für deine Nachkommen schaffen.

Huanchu Daoren

Thich Nhat Hanh

DAS KIEFERNTOR

Es war ein kühler, fast frostiger Herbstabend, und der
Mond war gerade aufgegangen, als der junge Ritter den
Fuß des Berges erreichte. Die Wildnis lag im Licht des
Vollmondes gebadet, das auf Zweigen und Blättern sein
schimmerndes Spiel trieb. Ihm war, als habe sich hier
während seiner siebenjährigen Abwesenheit nichts verän-
dert, und doch schien nichts ihn willkommen zu heißen –
ihn, der hier lange Jahre seines Lebens verbracht hatte und
der nun aus der Fremde zurückkehrte.

Der Ritter hielt am Fuße des Berges inne und schaute
hinauf. Der schmale Pfad vor ihm war von einem Kieferntor versperrt, das fest verschlossen war. Er drückte gegen
die starken Torflügel, aber sie gaben nicht nach unter seinen kräftigen Händen.

Das verwirrte ihn. Niemals, soweit er zurückdenken
konnte, hatte sein Meister das Tor so verschlossen und
versperrt gehalten. Da dies der einzige Aufstieg zum Berg
war, blieb ihm keine Wahl. Mit einer Hand seinen
Schwertknauf umfassend, nahm er kurz Anlauf und
schnellte in die Höhe. Aber das war alles. Eine seltsame
Kraft erfaßte seinen ganzen Körper und zwang ihn wieder

auf den Erdboden zurück; es war ihm nicht möglich, das niedrige Tor zu überspringen. Im nächsten Augenblick hatte er sein langes Schwert gezogen, aber die scharfe Klinge prallte an dem weichen Kiefernholz ab wie an Stahl. Der Rückschlag war so mächtig, daß eine Schockwelle durch seine Hand und sein Armgelenk schoß. Er hob sein Schwert und untersuchte seine im Mondlicht schimmernde Schneidefläche. Das Tor war tatsächlich zu hart. Es mußte wohl so sein, daß sein Meister es mit der Kraft seines eigenen Geistes verstärkt hatte. Es war verschlossen, und niemand durfte es passieren. So wollte es der Meister. Der Ritter seufzte tief. Er schob sein Schwert zurück in die Scheide und ließ sich außerhalb des Tores auf einem großen Felsen nieder.

Vor sieben Jahren, am Tag, an dem er den Berg verlassen hatte, hatte ihn sein Meister einen Augenblick lang wortlos angesehen. Seine Augen waren voller Güte, und noch etwas war darin, etwas, das aussah wie Mitleid. Er konnte nur schweigend den Kopf senken, als sein Blick dem mitfühlenden und verständnisvollen Blick seines Meisters begegnete. Kurz darauf sagte der alte Mann zu ihm: »Du kannst nicht für immer an meiner Seite bleiben. Früher oder später mußt du den Berg hinunter in die Welt gehen, wo du viel Gelegenheit haben wirst, den Weg zu leben und Menschen zu helfen. Ich dachte, ich könnte dich vielleicht noch ein wenig länger hierbehalten, aber wenn es dein Wille ist zu gehen, mein Kind, dann geh in Frieden. Nur eins noch: Denke immer daran, was ich dich gelehrt und dir gegeben habe, immer. Da unten in der Welt am Fuße dieses Berges wirst du alles davon brauchen.«

Dann war sein Meister noch einmal kurz durchgegangen, was er vermeiden, suchen, lassen und ändern sollte. Schließlich hatte er ihm freundlich die Hand auf die Schulter gelegt: »Dies sind die Richtlinien für dein Handeln. Tu niemals irgend etwas, das für dich selbst oder andere Leiden verursachen könnte, sei es in der Gegenwart oder in der Zukunft. Und geh ohne Angst den Weg, von dem du glaubst, daß er dich und andere zur vollkommenen Erleuchtung führt. Denke immer an die Maßstäbe, an denen Glück und Leid, Illusion und Befreiung zu messen sind. Ohne sie würdest du den Weg selbst verraten, nicht zu reden von deiner Aufgabe, der Welt zu helfen!

Ich habe dir mein kostbares Schwert bereits gegeben. Nutze es, um Dämonen und böse Geister zu unterwerfen. Aber ich möchte, daß du es eher wie eine scharfe Klinge betrachtest, die aus deinem eigenen Herzen kommt und mit der du deinen eigenen Ehrgeiz und deine eigenen Wünsche unterwirfst. Nun habe ich auch noch dies hier für dich, es wird dir deine Aufgabe erleichtern.« Dann hatte der Meister aus seinem weiten Ärmel ein kleines Schauglas gezogen und es ihm hingehalten.

»Dies ist das Me Ngo Glas«, hatte er gesagt. »Es wird dir helfen, das Gute vom Bösen, das Tugendhafte vom Verdorbenen zu unterscheiden. Es wird auch Dämonenseher genannt, denn wenn du hindurchschaust, wirst du die wahren Gestalten der Dämonen, bösen Geister und dergleichen sehen...«

Er hatte das legendäre Schauglas aus der Hand seines Meisters entgegengenommen, aber er war so dankbar und so tief bewegt gewesen, daß er kein einziges Wort hervorbringen konnte. Am folgenden Tag, bei Anbruch der Dämmerung, ging er hinauf in die Haupthalle, um sich von seinem alten Meister zu verabschieden. Der alte Mann begleitete ihn den Berg hinunter, den ganzen Weg bis zum Tigerfluß, und dort, inmitten des Gemurmels des Gebirgsflusses, sagten sich Meister und Schüler Lebewohl. Wieder legte der Meister ihm eine Hand auf die Schulter und sah in seine Augen. Er sah ihm noch nach, als der junge Mann sich zum Gehen umgedreht hatte. Noch einmal rief er seinem Schüler nach: »Denk daran, mein Kind, Armut kann dich nicht schwächen, Reichtum dich nicht verführen, Macht dich nicht unterwerfen. Ich werde dich hier erwarten an dem Tag, an dem du zurückkehrst und deine Gelübde erfüllt hast!«

An die ersten Tage seiner Reise erinnerte er sich noch lebhaft. Dann zogen Monate und Jahre an seinem inneren Auge vorbei. Wie sich ihm die Menschheit in verschiedenen Verkleidungen gezeigt hatte! Und welch wertvolle Dienste ihm das Schwert und das Me Ngo Schauglas geleistet hatten! Einmal war er einem Priester begegnet, von äußerst achtunggebietender Erscheinung, der – welch eine Ehre für den jungen Ritter – ihn in seine Klause eingeladen hatte, um, wie der weise Alte sagte, »zu besprechen, wie sie am besten zusammenarbeiten könnten, um ihren Mitmenschen zu helfen«. Zuerst lauschte der junge Mann hingerissen, aber dann kam ihm irgend etwas an dem Priester seltsam vor. Er wischte das Me Ngo blank und sah hindurch. Ein gigantischer Dämon saß da vor ihm! Aus seinen blauen Augen stoben knisternd Funken, auf der Stirn wuchs ihm ein Horn, und seine Fänge waren so lang wie seine eigenen Arme! Mit einem Satz wich der junge Mann zurück, zog sein Schwert und griff den Dämon heftig an. Der Dämon focht zurück, hatte aber natürlich keine Chance. Er warf sich dem jungen Mann zu Füßen und bat um Gnade. Der Ritter nahm ihm daraufhin den Eid ab, dahin zurückzukehren, woher er gekommen war, den Weg zu studieren und zu beten, daß er eines Tages als wahres menschliches Wesen in die Welt der Menschen zurückkehren könne, und sich niemals wieder als Priester zu verkleiden, um Unschuldige zu betören und ins Unglück zu stürzen. Ein anderes Mal begegnete er einem Mandarin, einem alten Mann mit einem langen weißen Bart. Es war eine glückliche Begegnung zwischen einem jungen Helden, der ausgezogen war, die Welt zu retten, und einem hohen Beamten, »Vater und Mutter des Volkes«, der sich der Aufgabe gewidmet hatte, immer noch bessere Wege zur Regierung und zum Wohle der Massen zu finden. Wieder meldete sich der Instinkt des jungen Mannes: Unter dem

Me Ngo entpuppte sich der stattliche, ehrfurchtein-
flößende alte Beamte als riesiges Mastschwein, dessen
Augen vor Gier förmlich trieften. In Sekundenschnelle flog
das Schwert aus seiner Scheide. Das Schwein versuchte zu
entkommen, aber der Ritter überholte es mit einem Satz.
Mit gespreizten Beinen auf der Eingangsschwelle des Man-
darinpalastes stehend, versperrte er den einzigen Flucht-
weg. Und auch diesmal verließ der junge Mann das Untier
nicht, ohne ihm das heilige Versprechen abzunehmen, daß
es dem Weg folgen und niemals wieder die Gestalt eines
Mandarins annehmen würde, um das Fleisch des Volkes
zu verzehren und dessen Blut zu trinken.

Und dann war da jene Zeit, wo er, über einen Markt
schlendernd, eine Menschenmenge sah, die einen Bücherstand umringte. Bilder- und Bücherverkäufer war eine sehr
schöne junge Frau, deren Lächeln wie eine erblühende
Blume war. Daneben saß eine andere junge Frau, ebenfalls
atemberaubend schön, die leise, melodiöse Weisen sang
und dabei die Saiten einer Laute zupfte. Die Schönheit der
Mädchen und die Anmut der Lieder nahmen alle der
Umstehenden so gefangen, daß niemand den Stand wieder
verließ, wenn er erst einmal stehengeblieben war, und
jeder konnte nur stehen und lauschen, verzaubert, und die
Bilder und Bücher kaufen. Der junge Mann fühlte sich
ebenfalls angezogen von der Szene. Schließlich ging er
näher und nahm eines der Bilder auf. Er war ganz überwältigt von der anmutigen Linienführung und den lebhaf-
ten Farben. Und doch war ihm irgendwie nicht wohl
dabei. Er griff nach dem Me Ngo. Die beiden schönen
Mädchen waren in Wirklichkeit zwei riesige Schlangen,
deren Zungen wie Messerklingen vor- und zurückschnell-
ten! Mit einer einzigen Armbewegung fegte der Ritter alle
Zuhörer beiseite und rief mit Donnerstimme, sein Schwert
auf die Monster gerichtet: »Dämonen! Zurück in eure
unheilvolle Natur!«

Die Menge zerstreute sich ängstlich. Die riesigen

Schlangen gingen auf den jungen Mann los, aber sobald das berühmte Schwert einige surrende Kreise um ihre Körper gezogen hatte, rollten sie sich in Unterwerfung vor seinen Füßen zusammen. Er zwang ihre Kiefer auf und schnitt mit seinem Schwert ihre giftgefüllten Eckzähne heraus. Dann setzte er mit einer Fackel den Bücherstand in Brand und schickte die Monster zurück in ihre Behausungen, nicht ohne ihnen unter Androhung, sie völlig zu vernichten, das heilige Versprechen abgenommen zu haben, niemals wieder zurückzukommen und die Dorfleute zu verhexen.

So zog der junge Ritter also von Dorf zu Dorf und von Stadt zu Stadt auf seiner selbstgewählten Mission und gebrauchte die Waffe und das Schauglas, die beiden Dinge, die ihm sein Meister zusammen mit unschätzbaren Ratschlägen gegeben hatte. Voller Eifer stürzte er sich in seine Aufgabe. Seit einiger Zeit nannte er sich in Gedanken den unentbehrlichen Ritter. Ohne ihn konnte die Welt nicht auskommen. Er war vom Berg herabgestiegen in die Welt, und er nahm vollen Anteil am Leben hier unten. Konfrontiert mit einer Welt, in der Verrat und Tücke herrschten, mußte er Flexibilität und Geduld lernen, und manchmal mußte er auch mit den Wölfen heulen, weil es sein Ziel war, zu überwinden und zu überzeugen. Es bereitete ihm große Freude, für das Gute zu kämpfen. Es kam sogar so weit, daß er vergaß, zu essen und zu trinken. Und noch mehr tat er, noch viel mehr, weil er aus der Verfolgung seines Zieles – den Menschen zu helfen – so viel Freude und Befriedigung zog, weniger um des Zieles selbst willen. Er diente, weil ihn dieses Dienen erfüllte, nicht unbedingt, weil die Menschen ihn brauchten.

So vergingen sieben Jahre. Eines Tages, als er sich am Ufer eines Flusses ausruhte und auf das langsam vorbeifließende Wasser schaute, wurde ihm plötzlich klar, daß er das Me Ngo Schauglas nun schon geraume Zeit nicht mehr benutzt hatte. Und ihm wurde auch klar, daß er es keineswegs vergessen hatte, sondern daß ihm einfach nicht danach gewesen war, es zu benutzen. Dann erinnerte er sich anderer Zeiten, wo er das Glas zwar benutzt hatte, aber nur sehr widerwillig. In jenen Tagen, als er gerade vom Berg herabgestiegen war, kämpfte er bis auf den Tod, wann immer er durch das Me Ngo die wahre Natur all des Bösen sah, das ihm begegnete. Er erinnerte sich daran, wieviel Freude es ihm jedesmal bereitet hatte, wenn er durch das Glas das Abbild eines tugendhaften Menschen oder eines wahren Weisen sah. Aber offensichtlich war in letzter Zeit irgend etwas Seltsames mit ihm geschehen, und er wußte nicht, was. Es schien ihm, daß er gar keine große Freude mehr empfand, wenn er durch das Schauglas einen Weisen erblickte, ebenso wie er keine große Wut mehr empfand, wenn er die Abbilder von Monstern und Teufeln erblickte. Und wenn unter seinem Zauberglas Dämonen sichtbar wurden, konnte der junge Ritter nicht umhin festzustellen, daß sogar in ihren schreckenerregenden unmenschlichen Zügen etwas eigenartig Vertrautes lag.

Das Me Ngo war sicher in seiner Tasche verwahrt, obwohl er es lange Zeit nicht benutzt hatte. Dann dachte der junge Ritter, daß er eines Tages wieder auf den Berg zurückkehren und den Rat seines Meisters erbitten würde: Warum hatte er solche Widerstände, etwas zu benutzen, das ihm doch offensichtlich so sehr geholfen hatte? Aber erst am zwölften Tag des achten Monats, als er einen Wald mit weißblühenden Pflaumenbäumen durchquerte und von den schneeweißen, unter dem Herbstmond schimmernden Blüten angerührt wurde, sehnte er sich plötzlich nach jenen Tagen, da er als junger Mann bei seinem alten Meister studiert hatte, dessen Hütte am Rande eines ebensolchen alten Pflaumenhains lag. Erst da beschloß er zurückzukehren. Sein Wunsch, den Meister zu sehen, ließ ihm die Reise endlos erscheinen: sieben Tage und sieben Nächte lang Hügel erklimmen und Ströme durchqueren. Aber als er den Fuß des hohen Berges erreichte, von wo er

den Aufstieg zur Einsiedelei seines Meisters beginnen
würde, senkte sich bereits die Dunkelheit herab. Der auf-
gehende Mond beleuchtete die fest geschlossenen Flügel
des schweren Kieferntors, das ihn hinderte, den Berg weiter hinaufzusteigen.

Er konnte nichts anderes tun als warten. Wenn der
Morgen dämmerte, dachte er, würde einer seiner »Brüder«
bestimmt herunterkommen, um Wasser aus dem Fluß zu
schöpfen, und könnte ihm dann das Tor öffnen. Mittler-
weile hatte der Mond seinen Höchststand bereits über-
schritten. Der ganze Berg und der Wald waren in sein küh-
les Licht getaucht. Als die Nacht weiter voranschritt,
wurde die Luft noch eisiger. Er zog sein Schwert aus der
Scheide und sah zu, wie der Mond auf seiner kalten,
scharfen Klinge schimmerte. Dann steckte er es wieder in
die Scheide zurück und stand auf. Der Mond schien außer-
gewöhnlich hell. Der Berg, der Wald, alles um ihn herum –
alles war still und ruhig, als ob die Welt seine Gegenwart
mit völliger Nichtbeachtung strafte. Er fühlte sich zurück-
gewiesen und ließ sich auf einen anderen Felsen fallen.
Erneut zogen die sieben Jahre seines jüngsten Lebens an
ihm vorbei. Langsam, ganz langsam, bewegte sich der
Mond auf den entfernten Gipfel eines fernen Berges zu.
Die Sterne am Himmel leuchteten hell, aber dann began-
nen auch sie sich zurückzuziehen und wurden blasser und
blasser. Im Osten war schon die Andeutung eines Glühens
zu sehen. Die Umrisse des Berges hoben sich plötzlich
schärfer gegen den blassen Himmel ab. Gleich würde die
Dämmerung anbrechen.

Der Ritter hörte trockene Blätter rascheln. Er sah auf
und erblickte den undeutlichen Umriß eines Menschen,
der den Berg herabgestiegen kam. Er dachte, es müsse
wohl einer seiner jüngeren »Brüder« sein, obwohl es noch
nicht hell genug war und die Gestalt noch zu weit entfernt
war, um ihre Züge auszumachen. Es mußte ein »Bruder«
sein, weil er so etwas wie einen großen Krug trug. Wer

immer es war, er kam näher und näher, und der Ritter hörte ihn schließlich freudig ausrufen: »Älterer Bruder!«

»Jüngerer Bruder!«

»Wann bist du angekommen? Gerade eben?«

»Nein, eigentlich bin ich angekommen, als der Mond gerade aufstieg! Ich habe die ganze Nacht hier unten gewartet. Warum in Gottes Namen hat jemand das Tor so verbarrikadiert? War es auf Befehl des Meisters?«

Der jüngere Schüler hob lächelnd seine Hand und zog, ganz sanft, an dem schweren Tor. Es schwang mit Leichtigkeit auf. Er trat heraus und sah den Älteren an, während er ihm seine Hände reichte.

»Du mußt ja bis auf die Knochen durchgefroren sein, wenn du die ganze Nacht hier unten gewartet hast! Du bist ja völlig mit Tau bedeckt! Nun ja, ich habe immer den ganzen Tag hier unten verbracht, habe Kräuter gepflückt und das Tor bewacht, weißt du ... Wenn ich der Meinung war, jemand verdiene eine Audienz beim Meister, habe ich ihn hinaufgeführt, und wenn nicht, habe ich mich einfach unsichtbar gemacht! Ich versteckte mich dann hinter den Büschen, und sie gaben irgendwann auf. Weißt du, der Meister will niemanden sehen, der nicht wirklich entschlossen ist zu lernen. Kürzlich erlaubte mir dann der Meister, mich weiterführenden Studien zuzuwenden, und da ich jetzt die meiste Zeit oben in der Klause verbringe, sagte er mir, ich solle das Tor schließen. Er sagte, es würde sich tugendhaften Menschen von selbst öffnen, denjenigen jedoch, die den Staub der Welt mit sich bringen, würde es verschlossen bleiben und ihnen den Weg versperren. Niemand kann es jemals erklettern oder überspringen, besonders diejenigen nicht, die mit den Geistern von Dämonen und ähnlichem belastet sind! Der Ritter runzelte die Stirn: »Würdest du sagen, daß ich so jemand bin? Würdest du das? Warum blieb mir das Tor verschlossen?«

Der jüngere Mann lachte herzlich: »Aber natürlich nicht! Wie könntest du wohl so jemand sein? Auf jeden

Fall können wir jetzt hinaufsteigen, wie du siehst, ist der Weg frei. Aber einen Augenblick noch, älterer Bruder! Ich muß zuerst etwas Wasser holen! Lächle doch, Bruder, lächle! Auf wen bist du wütend?«

Die beiden Männer lachten. Sie gingen zum Fluß hinunter. Die Sonne war noch nicht aufgegangen, aber im Osten schimmerte es bereits hell. Die beiden Schüler konnten jetzt jede Linie im Gesicht des anderen ganz deutlich sehen. Das Wasser war von der Morgenröte blaßrosa überhaucht. Sie erkannten ihre Spiegelbilder darin: Der Ritter kühn und stark in seiner Rüstung, das lange Schwert quer über den Rücken geschnallt; die Gestalt des jüngeren Schülers, sanfter in dem fließenden Dienergewand mit dem Krug in den Händen. Ohne ein Wort zu sagen, schauten beide ihr eigenes Spiegelbild an und lächelten einander zu. Eine Wasserspinne sprang hoch und die rosiggetönte Wasseroberfläche kräuselte sich, so daß ihre Spiegelbilder von Tausenden von Wellenmustern überzogen wurden.

»Wie wunderschön! Bestimmt würde ich unsere Spiegelbilder endgültig zerstören, wenn ich den Krug jetzt eintauchte. Übrigens, hast du das Me Ngo Schauglas noch? Der Meister gab es dir doch, als du vor Jahren den Berg hinabstiegst!«

Der Ritter erkannte, daß er das Schauglas all die Jahre tatsächlich nur benutzt hatte, um andere anzusehen, nicht einmal hatte er sich sein eigenes Abbild angeschaut! Er zog das Glas heraus, wischte es an seinem Ärmel ab und richtete es auf die Wasseroberfläche. Die beiden Köpfe kamen nah zusammen, um gemeinsam durch die kleine Linse zu schauen.

Ein gellender Schrei entfuhr den Kehlen der beiden jungen Männer. Er hallte im Wald wider. Der Ritter fiel vornüber und brach am Ufer des Flusses zusammen. Ein Hirsch, der weiter flußaufwärts trank, sah furchtsam auf.

Der jüngere Schüler konnte nicht glauben, was er durch

das Glas gesehen hatte. Da stand er in seinem fließenden Gewand, einen Krug in der Hand, neben einem riesigen Dämonen, mit Augen so tief und dunkel wie tiefliegende Brunnen und langen Hauern, die sich um seine eckigen Kinnladen bogen. Ja, er sah die Gesichtsfarbe des Dämonen. Ein bläuliches Grau war es, die Farbe von Asche und Tod. Den jungen Mann schauderte; er rieb sich die Augen und sah erneut den Älteren an, der nun bewußtlos auf den blauen Steinen am Flußufer lag. Schock und Entsetzen standen ihm noch immer im Gesicht geschrieben; diesem Mann, der sieben Jahre lang mutig der grausamen Welt am Fuß ihrer Bergeinsiedelei getrotzt hatte, hatte sich das Leid in die Züge gegraben.

Der junge Schüler eilte zum Fluß, um Wasser zu holen und das Gesicht des Älteren damit zu benetzen. Augenblicke später kam der Ritter wieder zu sich. Sein Gesicht war von Verzweiflung verwüstet. Sein wahres Abbild war im Me Ngo so unerwartet erschienen; es hatte ihm auf so schockierende und brutale Weise Selbsterkenntnis gebracht, daß er unter dem Schlag nur zusammenbrechen konnte. All seine Energie schien ihn verlassen zu haben. Er versuchte aufzustehen, aber er hatte keine Kraft in seinen Beinen und Armen.

»Ist schon gut, ist schon gut, Bruder! Wir gehen jetzt hinauf.«

In den Ohren des Ritters klang die Stimme seines Bruders wie das kaum wahrnehmbare Geräusch einer zarten Brise, ein schwaches Murmeln aus der Ferne. Er schüttelte den Kopf. Seine Welt war zusammengebrochen, er wollte nicht länger leben. Er fühlte sich, als seien sein Körper und seine Seele von einem Wirbelsturm hinweggefegt worden. Er konnte sich nicht vorstellen, seinem geliebten Meister jemals wieder unter die Augen zu treten.

Der jüngere Mann fegte den Sand von den Schultern seines Bruders: »Aber nein, mach dir deshalb keine Sorgen. Du weißt, daß der Meister nichts als Mitgefühl für dich hat. Laß uns jetzt hinaufgehen. Wir werden wieder zusammen leben und arbeiten und studieren...«

Langsam gingen die beiden Gestalten den steinigen steilen, gewundenen Pfad den Berg hinauf. Der Tag war noch nicht angebrochen. Die Silhouetten zeichneten sich in dem dünnen Schleier aus Tau ab, der Bäume und Felsen überzog. Schließlich fielen die ersten Sonnenstrahlen auf die beiden Männer und verschärften den Kontrast: Der Ritter schien noch gebrochener an Körper und Geist, wie er neben dem jüngeren Schüler ging, dessen Schritte fest und dessen Miene sanft war.

Über dem Berggipfel in der Ferne ging die Sonne auf.

Tausend Goldstücke bringen kaum einen Moment des Glücks, aber eine kleine Hilfe kann lebenslange Dankbarkeit auslösen. Zuviel Liebe kann zu Feindschaft werden, während Losgelöstheit Freude hervorbringen kann.

Huanchu Daoren

Kosho Uchiyama Roshi

»ELTERN-GESINNUNG«

Wenn ihr nicht aus der allgemein üblichen Sicht der Bewertung der Welt lebt, so ist ein jedes Geschehnis euer eigenes Leben; dies nennen wir die Große Gesinnung. Gewöhnlich aber stellen wir uns gegen die Welt, in der wir leben, und streben nach Reichtum, Macht und Glück, indem wir trachten, soviel als möglich davon zu erraffen.

Folgen wir aber der Buddhalehre, so stellen wir uns nicht gegen die Welt; im Gegenteil, die Haltung zum Leben ist dadurch bestimmt, daß alles das Selbst ist, was immer auch kommen mag. Dadurch hängen wir nicht von andern ab, werden nicht durch sie abgelenkt und hängen uns nicht blindlings an sie.

»Der Mensch, der nicht in Abhängigkeit steht, schwankt nicht«. (Sutta Nipata 752) Dies bedeutet seelischen Frieden und Erweckung. Als Shakyamuni zur Erweckung kam, sagte er, so wird berichtet: »Ich selbst, die Erde und alle fühlenden Wesen sind zur gleichen Zeit erweckt, und alles in der Natur ist zum Buddha geworden.«

Das Lotus-Sutra sagt ähnlich: »Die Welt bin ich selbst, und alle fühlenden Wesen in ihr sind meine Kinder.«

In kurzen Worten: Die Erkenntnis, daß das Selbst die Welt mit einschließt, die Große Gesinnung, sollte der Grundstein der Buddhalehre sein. Mein Zen-Meister, der Ehrwürdige Kodo Sawaki, pflegte zu sagen: »Lebe mit dem Selbst, welches das Universum ausfüllt.« Wenn wir aber Worte hören wie: »die Welt«, »das Universum« und »alle fühlenden Wesen«, so kommt uns die Versuchung an zu denken, daß solche Begriffe allein »Meditation« bedeuten, und unsere Phantasie dehnt sich dabei aus wie ein Ballon. So ist es aber keineswegs.

Der *Tenzo Kyokun* lehrt: »Das Selbst in der Welt« bedeutet, uns in der Begegnung mit Menschen zu entdecken, in der Außenwelt, im Wirken mit den Dingen und unsere ganze Lebensenergie darauf zu konzentrieren. Leben muß entschiedenes, lebendiges Wirken sein.

»Wenn der Reis, das Gemüse und die andern Zutaten dem Tenzo überreicht sind, muß er damit so sorgfältig umgehen, als handle es sich dabei um seine eigenen Augäpfel.« »Tag und Nacht, was immer euch begegnet, ist euer Leben; daher sollt ihr euer Leben der Situation anpassen, der ihr im Augenblick begegnet. Verwendet eure Lebenskraft dazu, aus den Umständen, die auf euch zukommen, eine Einheit mit eurem Leben zu gestalten und die Dinge an ihren richtigen Platz zu setzen.«

Zusammengefaßt heißt dies: Die Große Gesinnung darf nicht als eine Idee aufgefaßt werden, sondern vielmehr als Praxis; eure ganze Lebenskraft sollt ihr dem zuwenden, was euch begegnet. Dies soll euch in Fleisch und Blut übergehen.

Letzten Sommer kam ein Universitätsprofessor nach Antai-ji. Wenn jemand hier im Kloster lebt, ist er nichts weiter als ein »Lehrling« der Buddhalehre, ob er nun ein Professor oder der Direktor einer großen Gesellschaft sein mag. Unser Professor aber weigerte sich, mit den andern im Garten zu arbeiten oder Holz zu spalten. Anstelle dessen las er nur ein Buch und sagte, er sei nicht an körperliche Arbeit gewöhnt; die Buchlektüre sei eben sein Werk.

Ich erklärte ihm, daß wir die Lektüre nicht »Werk« (samu) nennen. Körperliche Betätigung ist der wahre Grund, weshalb wir Auberginen ziehen oder Holz für den Herd zurechtmachen.

Bücherlesen zieht kein Gemüse hoch. Lesen ist Lesen. Samu ist samu. Wir erlaubten unserm Professor, die leichteste Arbeit zu wählen. So kehrte er die Wege, sammelte das dürre Laub und verbrannte es. Zufällig kam ich an seinem Feuer vorbei, das unter den Sasanqua-Bäumen brannte; diese waren schon von Hitze und Rauch gebräunt. Ich ließ ihn das Feuer löschen. Der Mann hatte nicht einmal gemerkt, wohin der Rauch wehte, der die Bäume versengte.

Einem solchen Menschen kann man keine Arbeit anvertrauen. Ich vermute, daß der intelligente Professor ebenfalls unfähig war, seine lebendige Studentenschar zusammenzuhalten.

Gewöhnlich denkt man an Zen als an einen besonderen Zustand, in welchem der Geist und seine Umgebung eins sind. Mit andern Worten, man glaubt anscheinend, Erleuchtung bedeute, in einer besonderen Trance oder einem Entrücktsein des Geistes zu leben, wobei die äußeren Umstände eins mit einem selbst werden.

Hieße jedoch solch ein Zustand »Zen«, so wäre es unumgänglich notwendig, ständig stille und ruhig zu sein. Daher könnte nur ein müßiger Mensch, der ein Leben in Komfort führt, Zen üben, aber Leute, die ihre tägliche Arbeit verrichten, wären überhaupt unfähig dazu. Zazen aber, als die wahre Religion, darf nicht das Hobby eines Müßiggängers sein! Das Wundervolle an Dogens Zazen ist, daß es entschieden im täglichen Leben gelebt werden muß.

Der Grund, weshalb Dogen ausdrücklich die Arbeit des Tenzo lehrt, ist, daß eine Tätigkeit, bei welcher wir schwer körperlich zu wirken haben, unerläßlich ist. Dabei gibt es keine Möglichkeit, sich in einen entrückten Geisteszustand zu verlieren.

Der Ausdruck: »Der Geist und die äußeren Umstände sind eins« ist ausgezeichnet, aber dies heißt nicht, daß man sich an einem Zustand von Verzückung erfreuen solle. Es bedeutet vielmehr, unser Leben an die Dinge hinzugeben, denen wir begegnen, und sie mit unserm Geist zu durchdringen. Dies ist ja auch der Sinn des Wortes »Shikan«.

»Denkt an den Deckel des Reistopfes wie an euern eigenen Kopf und glaubt, daß das Waschwasser für den Reis euer eigenes Leben ist.«

»Nachdem ihr das Mahl bereitet habt, legt den Schöpflöffel und alles Zubehör schön zusammen und seid nicht unachtsam. Legt alles dorthin, wo es vorher war.«

Die Küchengeräte dorthin zu legen, wo sie zu Beginn der Arbeit waren, ist sehr wichtig. Dies bedeutet, sie mit Sorgfalt hinzustellen und nicht nachlässig mit Geklapper. Wenn man eine Pfanne mit einem rohen Knall in ein Waschbecken aus Zement oder Kacheln wirft, so schreit sie bestimmt vor Schmerz auf. Wenn du den Schrei nicht hören kannst, so bist du kein Zazen-Mensch. Dies bezieht sich nicht allein auf den Gebrauch von Gegenständen, sondern auf alle Umstände und auf die Empfindungen der Menschen, die wir sehen und gleicherweise behandeln sollen.

Ein verinnerlichter Mensch benutzt eine Teetasse nicht bloß mit Sorgfalt, weil sie sehr wertvoll ist. Jemand, der das tut, wird andere Dinge roh und skrupellos behandeln. Wir müssen achtgeben, alle Dinge, Materialien und Menschen nicht brüsk, nicht rücksichtslos zu behandeln. Die Menschen sind dabei das Wichtigste.

Wenn ihr die Große Gesinnung erfaßt, nämlich daß alles, was euch begegnet, euer Leben ist, dann wird sie zur Eltern-Gesinnung, das heißt zu einer Einstellung, die ihr allen Dingen gegenüber zeigt, denen ihr begegnet. In fast rührender Weise erinnert dazu Dogen, mit welcher Sorgfalt und Liebe Eltern, selbst die ärmsten, ihr Kind umhegen und aufziehen; dieser Eltern-Sinn solle zu unserer zweiten Natur werden und sich auf alle Dinge des Lebens erstrecken. Für den Koch heißt dies, Wasser, Reis und alles, womit er in seiner Arbeit zu tun hat, mit liebendem, vorsorglichem Sinn zu behandeln.

Der letzte Grund, weshalb wir mit den Dingen ohne Sorgfalt umgehen, sie nebensächlich behandeln oder gegen Menschen brutal sind, ist, daß wir nur an selbstsüchtigen Gewinn denken sowie daran, Unzukömmlichkeiten für uns selbst zu vermeiden. Hier ein Beispiel: Das Äußere von Fertighäusern sieht wundervoll aus, solche Bauten überdauern aber nur wenige Jahre, da ihre Erbauer keine wirkliche Eltern-Gesinnung besitzen und nur daran denken, wieviel Profit sie daraus ziehen können.

Ich denke weiterhin an den grandiosen Slogan der japanischen Bürokratie: »Wir sind ganz bedeutende Menschen, denn unser Herr ist der Staat der Sonne!«

Der Schwarm der Beamten, die dieser großen Organisation dienen, erhält monatlich pünktlich das Gehalt, weiterhin eine Zulage, und wenn diese Leute für lange Zeit gedient haben, haben sie Anspruch auf Pension, die später monatlich ausgezahlt wird. Daher ist ihr Leben von keiner Eile getrieben, es verläuft vollkommen ruhig, und sie haben nicht den Wunsch, andern mit ihrer Arbeit nützlich zu sein. Sie begnügen sich damit, ihre Pflicht zu erfüllen und bekommen ihr Gehalt. Vielleicht bin ich nicht unparteiisch bei solcher Beurteilung; ich gehe von einem Leben aus, wo es kein Monatsgehalt gibt, wo man immer in einem Gefühl der Unsicherheit lebt und betteln geht *(taku-hatsu)*, um das tägliche Brot zu erhalten. Ich muß aber sagen, daß ich ein ungutes Gefühl habe, wenn ich sehe, wie es der Bürokratie mit ihrem Amtsschimmel so ganz an Leben fehlt.

Ein Beamter, der das Leben des Selbst lebt, müßte an sein Werk denken wie an sein eigenes Kind und seine persönlichen Gefühle dabei vergessen. Mit andern Worten: Er sollte sich bemühen, der Bevölkerung zu dienen, und seine ganze Arbeitskraft für das Volk einsetzen. Dieser Gedanke ist in mir manchmal aufgestiegen, und nun sehe ich, daß ich plötzlich gegen das Beamtenwesen gesprochen habe. Wenn Du, mein Leser, ein Beamter bist und nicht zu jenen gehörst, gegen die ich mich aufgelehnt habe, so ist dies natürlich sehr gut; ich hoffe ja aus ganzem Herzen, daß es innerhalb der Nation möglichst auch viele gute Beamte gibt.

Drücken wir es so aus: Wir müssen leben, indem wir die leidenschaftliche Liebe unseres Lebens den Berufsgeschäften, dem Werk für das Volk widmen, als wären es unsere eigenen Kinder. Hierin können wir unsern Lebenszweck finden.

Wenn Fische durchs Wasser gleiten, denken sie nicht ans Wasser; wenn Vögel mit dem Wind fliegen, sind sie sich nicht des Windes bewußt. Erkenne dies, so kannst du die Schwere der Dinge überwinden und dein natürliches Potential genießen.

Huanchu Daoren

Alfred Woll

Das Ändern von Gewohnheitsmustern

Bei all dem, was wir heutzutage über Meditation, religiöse Bewegungen und verschiedene spirituelle Wege zu hören bekommen, ist es nicht verwunderlich, daß vielen von uns gar nicht so recht klar ist, worum es bei der spirituellen Entwicklung wirklich geht. Heißt es, daß wir uns in die Einsamkeit zurückziehen und allen sinnlichen Freuden entsagen müssen? Bedeutet es, in einem Kloster zu leben, religiöse Schriften zu studieren, zu beten oder mystische Rituale durchzuführen? Oder geht es darum, durch meditative Übungen außergewöhnliche Fähigkeiten wie Telepathie, Trance oder magische Kräfte zu entwickeln?

Um herauszufinden, was spirituelle Entwicklung tatsächlich bedeutet und worauf es im wesentlichen dabei ankommt, ist es am besten, erst einmal nach innen zu schauen und offen und ehrlich nachzuforschen, wonach wir uns aus tiefstem Herzen sehnen und woher es kommt, daß wir immer wieder Probleme haben und Leid erfahren. Wenn wir darauf eine Antwort gefunden haben, wird uns vielleicht klarer, was unter spiritueller Entwicklung zu verstehen ist und woraus eine spirituelle Praxis bestehen sollte. Denn letztere dient hauptsächlich dem Zweck, uns immer mehr in jene Richtung weiterzuentwickeln, in welche uns unser innerstes Sehnen zieht.

Was ist es also, wonach wir uns aus tiefstem Herzen sehnen und was hindert uns an der Erfüllung dieser Sehnsucht? Um diese Frage zu beantworten, sollten wir versuchen, einen möglichst unvoreingenommenen Standpunkt einzunehmen. Eine geeignete Ausgangsbasis wäre die zu nichts in Beziehung gesetzte Erfahrung des gegenwärtigen Moments. Versuchen wir doch einmal, zumindest in Gedanken, uns der Gegenwart gewahr zu werden und alles zu vergessen, worauf wir uns üblicherweise beziehen. Was bleibt noch, wenn wir alles uns bisher Bekannte hinterfragen, oder wo kommen wir an, wenn wir versuchen, einen Ursprung zu entdecken? Wenn wir so fragen und alle vorgefaßten Konzepte loslassen, gelangen wir an einen Punkt, wo bloße Bewußtheit von Existenz stattfindet. Dieses Gewahrsein über das Vorhandensein von »Etwas« nehmen wir zum Ausgangspunkt für die folgenden Überlegungen.

Ein völlig unvoreingenommenes, auf die Gegenwart gerichtetes Gewahrsein erkennt, daß gerade irgend etwas geschieht. Es ist offensichtlich, daß ein »Film« abläuft oder daß ein »Schauspiel« stattfindet. Dieses Schauspiel oder Geschehen erleben wir jedoch nicht objektiv und als Ganzes, sondern aus der subjektiven Perspektive eines unabhängigen, eigenständigen Beobachters, welcher anscheinend aus einem Körper und einem Geist besteht. Mit diesem Beobachter, den wir mit »Ich« bezeichnen, identifizieren wir uns und empfinden uns als ein vom Rest der Szene abgegrenztes Individuum. Gleichzeitig erleben wir, daß wir in das Geschehen um uns her eingreifen können, und halten jedes Lebewesen, welches mit in der Szene erscheint, für ein ebensolches eigenständiges, unabhängig existierendes Individuum. Alles, was uns im Laufe unseres

Daseins begegnet, setzen wir zu uns in Beziehung und unterscheiden so aus einer ich-bezogenen Perspektive auf der Grundlage unserer subjektiven Erfahrungen zwischen »gut« und »schlecht«, »freudvoll« und »leidvoll«.

Dieser relative Wertmaßstab bestimmt unser Verhalten und ist der Antrieb für all unsere Bemühungen. Ununterbrochen sind wir damit beschäftigt, unangenehme Dinge und Ereignisse von uns fernzuhalten und uns das zu verschaffen, wovon wir uns Glück erhoffen. Leid zu vermeiden und Glück zu erlangen, bildet die grundlegende Motivation für all unsere Tätigkeiten. Wenn wir sorgfältig weiterforschen, entdecken wir vielleicht auch noch die tiefe Sehnsucht und den alles durchdringenden Wunsch, aus unserer Einsamkeit und Isolation auszubrechen, das Getrenntsein vom Rest der Welt zu überwinden und in Harmonie mit allem vereint zu sein.

Durch zusätzliche Beobachtungen und Überlegungen stellen wir fest, daß die Welt Billionen anderer Lebewesen beherbergt, Menschen und Tiere, die genau wie wir selbst bemüht sind, dem Leid zu entgehen und Glück zu erfahren. Trotz dieses gemeinsamen Ziels und der Sehnsucht nach liebevoller Verbundenheit sorgt jeder in egoistischer Weise fast ausschließlich für sich allein. Hinzu kommt noch die bittere Tatsache, daß oft das, was die eine Kreatur scheinbar glücklich macht, der anderen in gleichem Maße Leid zufügt. Diese Beobachtungen können uns zu der Einsicht verhelfen, daß ein harmonisches Dasein nur auf der Basis von gegenseitiger Toleranz, Verständnis, Liebe und Mitgefühl möglich ist. Daraus kann ein Gefühl universeller Verantwortung entstehen und in uns den Entschluß festigen, sich primär dem Wohl der Allgemeinheit zu widmen.

Solche edlen Absichten sind bei vielen von uns leider nur sehr schwach ausgebildet. Wir sind zu sehr in unserer Ich-Identität gefangen und nehmen uns meist viel wichtiger als alle anderen. Unsere egoistische, selbstsüchtige Einstellung bestimmt alles, was wir tun. Aus diesem Grund streiten wir mit anderen Menschen, tragen Kämpfe aus, machen uns Sorgen und werden von Zorn, Eifersucht, Anhaftungen und anderen konflikterzeugenden Geistesfaktoren geplagt. Diese destruktiven Geisteshaltungen und die damit verbundenen Handlungen stören unseren inneren Frieden und sind die unmittelbare Ursache für alle Probleme in der Welt.

Unsere bisherigen Überlegungen haben gezeigt, daß wir uns nach Glück sehnen und nach der Beendigung unserer Leiden und unserer Isolation. Außerdem zeigten sie, daß die Identifikation mit dem Ich, die daraus resultierende Selbstsucht und die damit verbundenen konflikterzeugenden Geistesfaktoren die eigentlichen Ursachen allen Leidens sind. Weiter sahen wir, daß soziales Verhalten, Liebe und Mitgefühl konstruktive Eigenschaften sind, die uns und andere glücklich machen. Wollen wir also unsere Leiden und unsere Unzufriedenheit überwinden und glücklich werden, dann müssen wir die konflikterzeugenden Geistesfaktoren und deren Ursachen beseitigen und positive Eigenschaften wie Liebe und Mitgefühl entwickeln.

Kommen wir nun wieder zurück zu unserer Frage nach dem eigentlichen Inhalt eines spirituellen Trainings, dann können wir sagen, daß es aus Methoden bestehen sollte, die es dem Praktizierenden ermöglichen, destruktives Denken und Handeln abzubauen und konstruktives Denken und Handeln zu entwickeln. Das heißt, ein spirituelles Training sollte uns helfen, unsere gewohnheitsmäßigen Tendenzen und Strukturen umzugestalten und weiterzuentwickeln. Das Grundprinzip der spirituellen Entwicklung ist also das Ändern von Gewohnheitsmustern. Dieses Prinzip wird vom Anfang bis zum Ende des spirituellen Weges angewendet. Am Anfang entwickeln wir damit ethisches Verhalten, mehr Ausgeglichenheit und Freude; in der Mitte Liebe, Mitgefühl und die Bodhicitta-Motivation und am Ende die Einsicht in die absolute Realität.

Nachdem wir gesehen haben, worin das Grundprinzip einer spirituellen Praxis besteht, können wir nun noch untersuchen, was unsere Gewohnheitsmuster mit unserer Person und unserem Wohlbefinden zu tun haben. Seit wir uns erinnern können, sind wir gewohnt, die Welt aus einem ich-zentrierten Blickwinkel heraus zu betrachten und unterliegen die meiste Zeit dem Einfluß konflikterzeugender Geistesfaktoren und emotionaler Gefühlsschwankungen. Prägnante Erlebnisse und stets wiederholte Reaktions- und Verhaltensmuster wurden mit der Zeit zu tief verwurzelten Gewohnheiten unseres Geistes und damit zu Aspekten unserer Persönlichkeit. Im Grunde genommen ist unsere Persönlichkeit nichts anderes als die Summe all unserer Gewohnheitsmuster. Wir sind unsere Gewohnheitsmuster, und unsere Gewohnheitsmuster sind wir.

Wenn wir also unsere Gewohnheitsmuster verändern wollen, müssen wir an unserer Persönlichkeit oder an uns selbst arbeiten. Mit der spirituellen Praxis verändern wir willentlich unsere Persönlichkeit und verhelfen ihr zu ihrer vollen Entfaltung. Viele von uns haben sich in ihrem bisherigen Leben nur sehr wenig mit diesem Thema beschäftigt und ihre Weiterentwicklung Eltern, Schulen und äußeren Ereignissen überlassen. Doch wenn wir wollen, können wir nach dem gleichen Prinzip, das unsere gegenwärtige Persönlichkeit geformt hat, bewußt und gelenkt auf uns selbst einwirken und so neue Dinge erlernen, unerwünschte Gewohnheiten reduzieren, gute Anlagen zur Entfaltung bringen und uns innerhalb des Rahmens unserer gegenwärtigen Existenz fast beliebig verändern.

Oft begegnen wir der Auffassung, daß es für das Auflösen eines neurotischen Musters notwendig sei, die Ursachen des Musters aufzudecken und sie zu verstehen. In vielen Therapieformen wird nach diesem Prinzip vorgegangen, und man hat auch Erfolg damit. Leider kommt es dabei auch öfter vor, daß der Klient jahrelang nur mit der eigenen Vergangenheit beschäftigt ist. Schaut man aber immerzu nur auf die eigenen Probleme und deckt ständig neue auf, wird man leicht mutlos und versinkt darin, anstatt einen Schritt nach vorn zu tun und ganz konkret das anzupacken und zu bearbeiten, was in der Gegenwart liegt. Es gibt aber auch Denkansätze und erfolgreiche Methoden zur Auflösung neurotischer Muster, die nicht davon ausgehen, daß die Ursachen der Muster aufgedeckt werden müssen. Bei der hier beschriebenen Methode gilt das Erkennen der Ursache als nützlich, aber nicht als notwendig. Es reicht, daß man sich über das Vorhandensein des Musters im klaren ist und dann anfängt, es zu verändern oder zu beseitigen.

Der Buddhismus lehrt sogar Methoden, mit denen es möglich ist, Bewußtseinseindrücke und neurotische Muster, zu denen wir keinen bewußten Zugang finden, zu bearbeiten und aufzulösen, wie zum Beispiel durch Reinigungspraktiken, Rituale oder Mantrarezitationen. Im Vergleich zu Methoden, bei denen es darum geht, sich eines Musters bewußt zu werden und es ins aktive Bewußtsein zu holen, um es dann mit analytischem Denken auf dieser Bewußtseinsebene zu bearbeiten, spielt sich bei dieser Methode der ganze Verarbeitungsprozeß im Unbewußten ab. Mit Mitteln, die direkt ins Unbewußte sinken, beispielsweise mit Symbolen, Riten oder suggestiven Übungen, schickt man eine entsprechende Nachricht gezielt auf die Ebene, auf der der unbewußte Eindruck liegt, und macht ihn damit unwirksam oder gestaltet ihn um. Die am stärksten nach vorn gerichteten und auf der subtilsten Ebene des Bewußtseins arbeitenden Methoden des Buddhismus sind die Übungen des Vajrayana.

Nun könnte man sich noch fragen, ob es tatsächlich funktioniert, allein durch das Arbeiten an sich selbst Zufriedenheit zu finden. Vielleicht denkt der eine oder andere, daß die vielen Probleme und Schwierigkeiten, denen wir begegnen, von außen kommen und nicht viel mit unserer eigenen Person zu tun haben. Diese Ansicht wird leider oft vertreten, um keine eigenen Fehler eingestehen zu müssen und sich vor der Verantwortung zu drücken, etwas an sich selbst zu verändern. Aber davon abgesehen ist es schon richtig, wenn wir sagen, daß es äußere Hindernisse und Probleme gibt, denn das ist unsere Erfahrung und stimmt mit der konventionellen Wahrheit überein. Deshalb sollten wir auch versuchen, äußere Schwierigkeiten mit konventionellen Mitteln zu bewältigen. Betrachten wir unser Dasein jedoch mehr aus dem Verständnis des abhängigen Entstehens heraus, dann bedeutet das, daß wir Probleme und Schwierigkeiten nur aufgrund unserer ganz spezifischen Persönlichkeitsstruktur als problematisch erleben. Ob äußere Umstände als Problem empfunden werden, ist abhängig von der persönlichen Konditionierung und hat nur relative Wertigkeit. Der letztlich bestimmende Faktor für unsere unangenehmen Gefühle und Stimmungen ist nämlich unsere ganz persönliche innere Einstellung der jeweiligen Sache gegenüber.

Wollten wir Zufriedenheit finden, indem wir versuchten, alle scheinbar unangenehmen Dinge in der Welt abzuschaffen oder zu verändern, würden wir sicherlich keine Ruhe mehr finden, denn die Welt läßt sich nicht dahingehend verändern, daß sie all unseren Wünschen entgegenkommt. Was wir jedoch verändern können, ist unsere innere Einstellung der Welt gegenüber. Der indische Meister Shantideva hat einmal gesagt: »Willst du deine Füße vor den schroffen Felsen und spitzen Dornen schützen, dann mußt du nicht den ganzen Himalaya mit Leder überziehen; es reicht, wenn du dir ein Paar Schuhe machst.« In unserem Fall bedeutet das, daß wir nur dann genügend Zufriedenheit und Ausgeglichenheit finden können, wenn wir lernen, die unvermeidbaren Dinge des Lebens anzunehmen und ihnen gegenüber eine positive Einstellung zu entwickeln; mit anderen Worten, wenn wir an uns selbst arbeiten, unsere negativen Gewohnheitsmuster ändern und unsere guten Qualitäten zur Entfaltung bringen.

Diese Argumentation unterstützt unsere Bemühungen um Selbstentfaltung. Sie soll aber nicht so verstanden werden, daß es uns gleichgültig sein kann, was draußen in der Welt geschieht, und wir nur an unserer eigenen Entwicklung interessiert sein sollten. Vielmehr ist es ganz wichtig, daß wir uns mit der gleichen Sorgfalt und der gleichen Intensität, mit der wir in Eigenverantwortung an unserer Persönlichkeit arbeiten, auch in universeller Verantwortung für das Wohl aller anderen Wesen einsetzen.

Wenn eine glückselige Stimmung über mich kommt und ich barfuß über duftendes Gras gehe, vergessen wilde Vögel manchmal ihre Vorsicht und begleiten mich. Wenn die Landschaft mein Herz erfreut und ich meinen Kragen öffne und still unter fallenden Blüten sitze, versammeln sich langsam die weißen Wolken über mir, ohne ein Wort zu sagen.

Huanchu Daoren

Quellen

Garma C.C. Chang: »Was ist Zen-Erleuchtung« aus *Die Praxis des Zen*, Aurum Verlag, Braunschweig, 2. Auflage 1993

Pema Chödrön: »Liebende Zuwendung« aus *Dharma als Lehre – Dharma als Erfahrung*, Aurum Verlag, Braunschweig 1992

Thomas Cleary: »Der Weg des Zen-Kriegers« aus *Zu wissen, wann man kämpfen soll*, Aurum Verlag, Braunschweig 1991

Huanchu Daoren: Aphorismen aus *Zum Anfang zurück*, Aurum Verlag, Braunschweig 1992

Taisen Deshimaru: »Die Krankheiten« aus *Die Praxis der Konzentration*, Aurum Verlag, Braunschweig, 2. Auflage 1992

Hugo M. Enomiya-Lassalle: »Anregungen für die christliche Spiritualität« aus *Zen und christliche Mystik*, Aurum Verlag, Braunschweig, 3. Auflage 1986

Lama Anagarika Govinda: »Die Grundlagen der Achtsamkeit« aus *Schöpferische Meditation und multidimensionales Bewußtsein*, Aurum Verlag, Braunschweig, 2. Auflage 1982

Detlef Kantowsky: »Magga – der heilsame Weg« aus *Buddhismus*, Aurum Verlag, Braunschweig, 2. Auflage 1994

Ayya Khema: »Wege zur Meditation« aus *Ohne mich ist das Leben ganz einfach*, Aurum Verlag, Braunschweig 1994

Detlef-Ingo Lauf: »Leben, Karma, Tod und Wiedergeburt« aus *Geheimlehren tibetischer Totenbücher*, Aurum Verlag, Braunschweig, 4. Auflage 1994

Toni Packer: »Miteinander leben« aus *Mit ganz neuen Augen sehen*, Aurum Verlag, Braunschweig 1991

David Scott/Tony Doubleday: »Drei wesentliche Elemente der Zen-Praxis« aus *Zen*, Aurum Verlag, Braunschweig 1994

Thich Nhat Hanh: »Das Kieferntor« aus *Der Mondbambus*, Aurum Verlag, Braunschweig 1993

Kosho Uchiyama Roshi: »Eltern-Gesinnung« aus *Zen für Küche und Leben*, Aurum Verlag, Braunschweig, 2. Auflage 1991

Alfred Woll: »Das Ändern von Gewohnheitsmustern« aus *Das Licht des wahren Lernens*, Aurum Verlag, Braunschweig 1994